JE TAPE LA MANCHE

Jean-Marie Roughol
& Jean-Louis Debré

JE TAPE LA MANCHE

Une vie dans la rue

calmann-lévy

Couverture
Conception graphique : Nicolas Trautmann

ISBN 978-2-7021-5900-2

PRÉFACE

Il n'est pas une célébrité, ne fait pas la une de l'actualité, son univers n'est pas le nôtre. Pourtant, vous l'avez peut-être croisé sans vous en rendre compte, sans le voir, vous avez même détourné le regard ou dévié votre chemin quand il s'est approché de vous. Il est possible que vous ayez eu vis-à-vis de lui un petit geste brusque pour qu'il s'écarte et ne vous opportune pas.

Pour vivre ou survivre, il vous tend un gobelet en carton, espère de votre part une pièce, un peu de générosité, un geste de fraternité.

Il a quarante-sept ans, et depuis plus de vingt ans – soit près de la moitié de sa vie –, il « tape » la manche sur les trottoirs de Paris.

Aujourd'hui, il fréquente les beaux quartiers. Les habitués de la rue Marbeuf, de l'avenue Montaigne, celles et ceux qui fréquentent le théâtre des Champs-Élysées, passent devant le Drugstore, près de la place de l'Étoile, peuvent le croiser ou l'apercevoir.

Il n'a cependant pas débuté dans ces endroits privilégiés ; longtemps, il a fait la manche dans des rues moins favorisées, passant des heures à attendre le « pèlerin » devant des bouches de métro ou les magasins d'alimentation.

Il a été SDF, dormant dans la rue, les couloirs du métro, les cages d'escalier, il a fréquenté des squats, des refuges sociaux, des hôtels tenus par des marchands de sommeil sans scrupule.

Il a affronté la vie, la nuit, dans les rues de Paris, les violences, les bagarres pour protéger son territoire, se faire respecter. Il y a aussi scellé des amitiés, rencontré la solidarité.

Il a beaucoup galéré pour simplement vivre.

*

Un soir, devant le Drugstore des Champs-Élysées, il s'est approché de moi au moment où je fermais le cadenas de ma bicyclette et m'a proposé de la surveiller. Il m'a aussi dit qu'il avait travaillé avec ma fille sur le spectacle *Ben Hur* montée par Robert Hossein au Stade de France.

Nous avons discuté un moment sous le regard perplexe de certains passants qui, m'ayant reconnu, semblaient surpris que je parle avec un mendiant, que je perde mon temps avec un marginal, mal rasé et pas aussi bien fagoté qu'eux. Je me souviens d'avoir entendu un monsieur dire à la femme qui l'accompagnait, avant d'entrer au Drugstore : « Tu as vu ? C'est Debré qui parle avec le clodo ! »

Depuis plusieurs années, ainsi, je le croise sur le parvis du Drugstore, l'écoute plus que je ne lui parle. Il m'apprend plus que je ne lui apporte.

Un soir, je lui ai suggéré d'écrire son histoire, de raconter les circonstances qui l'avaient conduit à cette existence. Il m'a regardé avec étonnement, ne m'a pas répondu.

J'étais curieux de savoir comment il en était arrivé à cette vie difficile, surtout la nuit, lui qui pouvait peut-être espérer un autre destin. Je voulais qu'il m'entrouvre les portes de sa mémoire, me parle de lui, de sa famille, de ses copains de rue, me fasse découvrir et m'entraîne dans un monde différent du mien. Un monde que souvent l'on ne veut pas voir.

L'homme est ce qu'il cache et, derrière chacun d'entre nous, il y a toujours une histoire, un parcours de vie : il m'intéressait de les connaître.

Nous croisons peu de personnages originaux et beaucoup de copies. Pour moi, il est un personnage original.

Pourquoi seules certaines célébrités, ou prétendues telles, les politiques, les vedettes de la télévision, de la radio, du cinéma… pourraient révéler leur passé, écrire ou faire rédiger leur autobiographie ? Je me suis toujours méfié des « Mémoires », exercices souvent de réécriture de son histoire, et des autobiographies instruments de narcissisme insupportable. Pourquoi les anonymes, les inconnus des médias, les étrangers au microcosme politique, médiatique et mondain n'auraient-ils pas de choses intéressantes à dire ?

Quelque temps plus tard, au printemps 2013, il m'a avoué que ma proposition l'intéressait, qu'il avait finalement assez envie, pour ses enfants, de raconter sa vie.

Je lui ai suggéré d'écrire sur un cahier ses souvenirs, ce qu'il avait vécu, subi mais aussi d'évoquer son quotidien, celles et ceux qu'il côtoyait dans la rue, ses compagnons de « tape ». Je lui ai recommandé de ne rien dissimuler.

« Je suis très peu allé à l'école. Je fais plein de fautes, m'a-t-il avoué avec inquiétude.

– Cela n'a aucune importance, vous avez des choses à dire, alors allez-y sans vous préoccuper de la forme, de l'orthographe, de quoi que ce soit. Écrivez comme vous en avez envie, comme vous parlez, comme cela vient, nous corrigerons ensemble. Si c'est bien, je chercherai un éditeur pour publier votre récit », lui ai-je alors répondu.

J'avoue que cela me fascinait de devenir la « plume » d'un tel personnage.

Chaque fois que je l'ai revu, je lui ai demandé où il en était de notre projet, s'il avait commencé. Il me répondait que cela avançait. Je ne le croyais pas vraiment. Et puis je ne lui en ai plus parlé.

Parfois, c'était lui qui abordait ce sujet : « J'avance, j'avance, mais c'est plein de fautes... »

Nous n'avons pas la même notion du temps qui passe. J'étais impatient, lui était tranquille. Je lui ai finalement donné mon numéro de téléphone pour qu'il m'appelle quand il aurait terminé, me faisant cependant guère d'illusions.

Jusqu'à ce coup de téléphone du 22 décembre 2014. Alors que j'étais à mon bureau, au Conseil constitutionnel, mon assistante m'avertit : « Un monsieur bizarre a cherché à vous joindre, il m'a dit bien vous connaître. Il s'appelle Jean-Marie et m'a laissé un numéro où le joindre. »

Je l'ai immédiatement rappelé, inquiet qu'il ne lui soit arrivé quelque chose. Je m'étais rendu récemment à trois reprises au Drugstore, mais il était absent à chacune de mes visites. J'avais interrogé le vigile à l'entrée qui m'avait répondu que, depuis un certain temps, il ne l'avait pas aperçu dans les parages.

« J'ai terminé ! » m'annonce-t-il en décrochant. J'ai senti dans sa voix une évidente satisfaction. Nous prenons rendez-vous pour le lendemain 19 heures, devant le Drugstore.

Le lendemain, il m'a tendu trois grands cahiers d'écolier et a déclaré avec un grand sourire : « Voilà ! »

Il a beaucoup parlé, manifestement très excité. Il était fier, un peu inquiet aussi, il n'arrêtait pas de me rappeler qu'il n'avait pas beaucoup fréquenté l'école, que son récit était certainement truffé de fautes. Je l'ai rassuré en lui disant que ce qui m'importait était de comprendre quelle était sa vie, pourquoi il faisait la manche, qu'on reverrait son texte ensemble.

J'ai lu et transcrit son manuscrit sur mon ordinateur. À la fin du premier cahier sans attendre d'avoir totalement terminé, je le lui ai montré.

Il était heureux, a absolument tenu pour célébrer cette étape à m'offrir un café. Nous avons longuement discuté dans le bar qu'il a l'habitude de fréquenter, rue Marbeuf. Il m'a présenté son copain, « le Rasta », avec qui il tape souvent la manche, le serveur, le patron… Il était joyeux et satisfait. Il n'arrêtait pas de leur dire que nous écrivions un livre ensemble.

Je suis retourné plusieurs fois dans son quartier général de la rue Marbeuf. Lors de ces premières séances, je percevais à chaque fois son immense bonheur, sa joie, et j'étais content pour lui.

Sur le trottoir où nous discutions, une patrouille de CRS faisait sa ronde, plan Vigipirate oblige et, me voyant avec lui, le chef m'a demandé si j'avais un problème et besoin d'aide.

Par la suite, j'ai continué à déchiffrer son histoire. Durant cette période, c'est lui, à son tour impatient, qui m'appelait. Il ne comprenait pas pourquoi je mettais tant de temps à transcrire son récit. Dès que cela m'était possible, je lui remettais les pages rédigées sur mon ordinateur. Il les considérait toujours avec étonnement. « C'est bien », me disait-il en hochant la tête. Je l'avertissais qu'il y avait encore beaucoup de corrections à effectuer pour le rendre lisible, qu'il devait aller au plus profond de lui-même, plus sincèrement puiser dans ses souvenirs, ne rien me dissimuler.

Les mois qui ont suivi, nous avons ainsi régulièrement travaillé ensemble. Et puis un jour, dépassant mes hésitations premières, j'ai fini par l'inviter au Palais-Royal pour ces séances d'écriture, c'était bien plus commode de nous y retrouver plutôt que dans un café.

Le 15 janvier 2015, en fin d'après-midi, pour notre premier rendez-vous au Conseil constitutionnel, il est arrivé plus d'une demi-heure en avance. Il était rasé de frais. Son regard pétillait d'intérêt et de curiosité, alors qu'il était visiblement impressionné par la majesté des lieux, l'or des boiseries, la beauté des lustres étincelants. Je lui ai montré la vue sur les jardins du Palais-Royal, la salle des délibérés, le grand salon, l'oratoire de Marie-Clotilde de Savoie, la table pour consulter les cartes, offerte par Napoléon Ier probablement à l'un de ses maréchaux.

Nous nous sommes installés à mon bureau, assis l'un en face de l'autre, avec un café et crayon à la main. Moment inoubliable pour lui comme pour moi. Je l'ai alors longuement interrogé pour compléter et préciser certains passages de son récit. Il parlait abondamment et cherchait dans sa mémoire tout ce qui pouvait m'intéresser.

À la fin d'un deuxième entretien identique, je lui ai confié le manuscrit enrichi des éléments nouveaux pour qu'il le relise entièrement, rectifie ce qui ne lui convenait pas. Cet exercice, j'ai souhaité qu'il le fasse hors de ma présence, seul, seul avec lui-même.

Nous avons fonctionné ainsi pendant plusieurs mois, semaine après semaine, nous retrouvant régulièrement au Conseil, au café de la rue Marbeuf ou ailleurs, pour peaufiner, approfondir, apporter toujours plus de précisions à son récit. Il a fallu m'armer d'une certaine patience, car j'ai vite appris qu'il ne servait à rien de le bousculer, qu'il était plus sage de suivre son rythme, de laisser du temps au temps. Et puis, enfin, vint le jour où, au Palais-Royal, son texte abouti, j'ai pu le lui lire à haute voix, afin de m'assurer une dernière fois que j'avais le plus fidèlement transcrit ce qu'il m'avait confié.

Ce livre est *son* livre.

Il habite son récit, c'est son histoire personnelle. Son témoignage est authentique. Il est sans complaisance, j'y ai veillé du mieux possible. Il nous entraîne dans le quotidien de ces hommes de la rue qui « tapent la manche », où les réactions humaines sont souvent cruelles et difficiles, mais parfois aussi généreuses qu'inattendues, où les fraternités peuvent être sincères, même si elles sont généralement éphémères.

Il montre combien l'univers de la rue change, se transforme depuis quelques années, comment des bandes s'organisent pour méthodiquement taper la manche. Pour certains « la tape » est devenue un véritable métier.

La rue n'est plus ce qu'elle était, affirme-t-il avec nostalgie.

Préface

Ce destin, son destin, il l'assume totalement. Même s'il a pu en rêver un autre. Il a tenté un moment de sortir du monde de la rue et de la mendicité, mais a toujours été repris par cet univers particulier qu'il aime.

Jean-Louis Debré

1

UNE ENFANCE CHAOTIQUE

Je n'imaginais pas que mon métier serait de taper la manche dans les rues de Paris, de mendier pour vivre, pour survivre.

Je ne pensais pas qu'il me faudrait la nuit dormir dans la rue, dans les escaliers, dans le métro.

Je n'imaginais pas devoir, un jour, fréquenter des squats, me retrouver dans les mains de marchands de sommeil...

Je n'aspirais pas à devenir un marginal, un sans domicile fixe, ce que certains appellent un « clodo ».

Je suis naturellement responsable de ce que je suis devenu. Ma vie n'a pas bien débuté.

Ce n'est pas une excuse, mais mon constat.

*

Je m'appelle Roughol Jean-Marie et je suis né à Paris, dans le XXe arrondissement, le 11 avril 1968.

J'ai de vagues souvenirs de ma mère, elle s'appelait Marie-Christiane. Une belle femme, grande, brune et mince. Elle parlait allemand. Son métier, monteuse en électronique.

Mon père, je le voyais très peu à cause de son travail. Il était déménageur international. Il quittait la maison souvent et longtemps. Je me souviens de son camion, un Saviem bleu. C'était un grand mec, costaud, baraqué, cheveux noirs.

Nous habitions dans le XXe à Paris, au 45 rue Pali-Kao, dans une vaste pièce avec des placards partout, un coin cuisine et une petite terrasse. Nous vivions au milieu d'une douzaine de chats qui se planquaient dans les penderies au milieu du linge et les boules naphtalines.

Seul à la maison

Un jour, ma mère m'a dit : « Je vais sortir, tu vas rester seul, si tu es sage, je te donnerai des bonbons. » En vérité, il me semble qu'elle s'absentait très souvent. Je ne garde de cette période que des souvenirs très confus mais qui me marquent encore aujourd'hui.

Je suis incapable de savoir pourquoi elle m'abandonnait ainsi et combien de temps. Mais cela me paraissait très long. J'ai l'image dans ma tête de moments de grande tristesse, de pleurs.

Peut-être me donnait-elle des médicaments pour me faire dormir ? C'est ce que je crois. Plusieurs fois, j'ai eu tellement mal au cœur que j'ai dû être conduit aux urgences de l'hôpital. Même si j'étais petit, c'est un souvenir douloureux, une sensation que j'éprouve encore.

On ne me changeait pas souvent et, quand ma mère n'était pas là, ce qui arrivait fréquemment, mes couches souvent étaient remplies de merde. Cela me rongeait les fesses et me faisait mal.

Je ne sais pas pourquoi, mais je crois me rappeler que ma mère m'habillait en fille et me chaussait avec des chaussures trop petites. Aujourd'hui, c'est probablement pour cela que je souffre des talons et des pieds.

Ce sont les seuls souvenirs que j'ai de ma mère. M'aimait-elle ? Je n'en suis pas certain. Je ne l'ai jamais revue et ne sais pas ce qu'elle est devenue.

Le reste est un grand trou noir, sauf ce jour, où mon père, qui était pour une fois à la maison, m'a dit : « Tu as vu ce qu'elle a ta mère ? » Je me suis retourné pour regarder son genou gauche : la rotule était complètement à découvert. Elle souffrait. Cela m'a fait mal. Pour moi, c'est comme si c'était hier. J'étais petit, je devais avoir environ cinq ans, ma mère avait son genou tout cassé. Sa souffrance est restée gravée dans ma mémoire. Ce sont des images qui me reviennent souvent, encore aujourd'hui.

« Fiston, tu vas partir à la campagne »

Quelque temps plus tard, mon père m'a annoncé : « Fiston, tu vas partir à la campagne. » J'étais tout content, je ne connaissais que ma rue. J'étais persuadé que j'allais voir des éléphants.

Peu de temps après, une dame est venue me chercher. Je me souviens de sa voiture : c'était une Citroën 2CV. Elle était gentille avec moi. Je ne savais pas qui elle était, je ne l'avais jamais vue. Elle a conduit jusqu'à la gare.

Dans le train, j'ai regardé par la vitre à la recherche des éléphants. La dame était en face de moi, et je lui ai demandé où ils étaient. Je n'ai pas d'autres souvenirs de ce voyage. Je me rappelle seulement que ç'a été long.

Je ne savais pas où j'allais et aucune idée de ce qui m'attendait. Mais j'étais heureux d'aller à la campagne. J'ai su plus tard qu'il s'agissait de Montpellier.

En revanche, je me souviens assez bien de l'arrivée chez la « nourrice » et du premier contact avec ma famille d'accueil.

Les enfants portaient des chemises blanches avec des nœuds papillons. Il me semble que c'était la période de Noël. Il y avait un grand sapin tout décoré. Ils étaient tous très gentils. Le mari de la dame m'a montré, dans la cave, sa collection de voitures miniatures qu'il fabriquait lui-même, c'était des 4CV Renault de toutes les couleurs. Il y en avait beaucoup. Il m'a recommandé de ne pas y toucher, de seulement les regarder. J'avais envie de jouer avec. C'était extraordinaire toutes ces petites voitures. Je n'en avais jamais vu autant.

Je suis resté avec cette famille probablement un an. Je devais avoir six ans.

C'est après que l'enfer est arrivé.

J'ai été placé dans une nouvelle famille à Miserey-Salines, un petit village près de Besançon. La maison me semblait grande. Il y avait même un garage, une terrasse, une salle à manger, une cuisine. Tout cela me paraissait immense. Il y avait un jardin avec un pêcher. Il y avait des toilettes au rez-de-chaussée et au premier étage, plusieurs chambres et une salle de bains.

Le couple avait une fille, Marie-Claude, et un garçon, Christophe. Et ils avaient déjà recueilli Farid, un enfant placé comme moi, mais plus âgé. Il était là depuis longtemps. Je pense qu'il avait été abandonné par ses parents.

Quand je suis arrivé, la nourrice m'a dit que je devais l'appeler « tata ».

Les premiers jours se passèrent très bien. J'allais à l'école tout près de la maison.

Au bout de quelque temps, « tata » s'est mise à me parler méchamment, à me gronder sans arrêt. Je pleurais souvent. La nourriture, elle aussi, a changé. Tata me donnait à manger seulement un peu de lait avec un jaune d'œuf battu et du pain dur. De temps en temps, j'avais droit à un genre de semoule, elle disait que c'était de la polenta, une spécialité de son pays, l'Italie. Je dormais dans une chambre où il y avait une armoire et un lit, pas de jouets ni de petites voitures, pas de peluches.

Christophe et Marie-Claude ne me parlaient pratiquement jamais. Ils étaient plus âgés que moi. Tout le monde m'ignorait, sauf Farid. Il était sympa, venait me chercher parfois à l'école, m'apprenait à me défendre.

Une fois, il est arrivé avec sa mob, une 104 Peugeot. Il m'a installé devant lui, sur ses genoux, ses mains sur les miennes serraient le guidon. C'était vraiment génial comme si c'était moi qui conduisais. J'étais grisé par la vitesse. Je m'en rappellerai toute ma vie comme d'un moment super.

« Tata », de plus en plus méchante, me donnait des claques pour rien, m'enfermait dans la cave, dans le noir complet, pendant des heures. Terrifié, je pleurais. Ensuite, elle venait me chercher en hurlant, m'obligeant à monter dans ma chambre et à me coucher sans dîner.

Un soir, je fus à nouveau expédié dans ma chambre, privé de dîner. Mais j'avais très faim. Je n'arrivais pas à dormir. J'ai attendu que tout le monde dorme pour descendre, sans faire de bruit, à la cuisine. Les placards étaient fermés à clef. Dans la salle à manger, il y avait aussi une armoire. J'y ai trouvé des petits biscuits apéritifs, de l'alcool et une boîte en métal qui contenait du sucre. J'ai mangé les gâteaux et un peu de sucre. Je suis remonté le plus silencieusement possible.

Le matin, elle est venue me réveiller. J'étais paniqué, je croyais qu'elle avait découvert mon expédition de la nuit. Elle m'a crié dessus mais pour une autre raison. J'ai vidé rapidement mon bol de lait chaud et mangé mon pain rassis. Je suis vite parti à l'école, heureux de quitter la maison et surtout qu'elle ne se soit pas aperçue que les biscuits et le sucre avaient disparu.

Toute cette journée-là, je fus bien à l'école et, durant les récrés, à jouer avec les copains. Mais au fur et à mesure que les heures passaient, l'envie de pleurer montait. Je ne voulais pas retourner à la maison. J'avais peur. C'est Farid qui m'a ramené.

La « tata » m'attendait avec un regard plus méchant que d'habitude. Elle tenait dans sa main droite un martinet. Elle a commencé par me foutre une paire de claques puis m'a entraîné dans la cuisine. Elle m'a fait baisser ma culotte et m'a donné des coups de martinet sur les fesses. Elle me faisait très mal, tapait fort, je hurlais et la suppliais d'arrêter. À la fin, elle m'a dit qu'elle ne voulait plus me reprendre à voler des biscuits et du sucre. Elle a menacé de m'en donner le double de coups de martinet la prochaine fois, si je récidivais. Elle m'a dit de me rhabiller et de monter dans ma chambre. J'ai beaucoup pleuré. J'avais l'impression d'être dans le noir.

La visite de l'inspectrice

Le lendemain, « tata » m'a réveillé et m'a parlé doucement. Je n'ai pas compris pourquoi tout d'un coup elle avait changé de ton. Quand je suis arrivé dans la cuisine, il y avait sur la table un bon petit déjeuner, un bol de chocolat chaud, des petits gâteaux. Quand j'ai terminé, elle m'a demandé, gentiment, de débarrasser et de me laver les mains, puis elle m'a accompagné à l'école.

Sur le chemin, elle m'a pris la main et, devant la porte de l'école, m'a fait une bise, sans que je comprenne pourquoi, mais j'étais heureux et, cette fois-là, j'ai attendu avec impatience la fin de l'école.

« Tata » m'attendait dehors. Elle a même regardé les dessins que j'avais faits, m'a dit que c'était bien et qu'on allait les accrocher dans ma chambre. J'étais super content.

À la maison, j'ai eu le droit à un super goûter, de regarder la télé pour la première fois, et un dessin animé, en plus ! « Tata » était assise à côté de moi. Elle riait de me voir surpris devant ces personnages qui apparaissaient à l'écran. Je me souviens de son rire. C'était la première fois qu'elle riait avec moi. Quand le dessin animé fut terminé elle m'a dit d'aller jouer dans ma chambre avec mes jouets, mais je ne comprenais pas ce qu'elle voulait dire car je n'avais pas de jouets.

Lorsque j'ai ouvert la porte de ma chambre, j'ai trouvé des petites voitures et sur mon lit plusieurs peluches. J'étais content. J'ai pu jouer un moment. « Tata » est venue me retrouver, elle m'a demandé si je m'amusais bien, je lui ai répondu que c'était super génial.

Pour dîner, j'ai eu droit à du poulet et de la purée. C'était bon. J'étais heureux. « Tata » était douce avec moi, comme elle l'était avec ses enfants. Elle m'a alors annoncé qu'une dame viendrait lui rendre visite demain, que je devais lui dire que j'étais bien ici avec elle que je ne voulais par partir.

Le lendemain, elle m'a permis d'aller jouer avec les fils du voisin. Ils devaient avoir mon âge et s'appelaient Jean-François, Jean-Luc et Joël. J'avais des copains avec qui je pouvais enfin jouer sans être grondé. C'était génial.

Puis « tata » m'a appelé. La dame était là. Elle m'a demandé si j'étais bien ici. Je lui ai répondu que je m'amusais super bien. Elle a regardé mes dents, demandé à « tata » si j'étais moins nerveux, si je prenais chaque jour mes médicaments, si je mangeais bien...

Après son départ, « tata » est vite redevenue méchante. Elle a enlevé les jouets et les petites voitures qui se trouvaient dans ma chambre pour les ranger dans un placard qu'elle a fermé à clef. Ces jouets étaient ceux de son fils Christophe quand il était petit. Je n'avais plus le droit d'y toucher.

Jamais, dans les années qui suivirent, l'inspectrice n'est revenue. Je ne lui avais pas dit la vérité, j'avais peur de « tata », je ne lui avais pas parlé des coups de martinet ou de chaussures sur les fesses, des claques, et encore moins de cette cave où j'étais enfermé et où je pleurais de longues heures.

La communale

L'école communale était pour moi un endroit où je me sentais bien. Un jour, je devais avoir sept ou huit ans, je crois, la maîtresse que j'aimais bien fut remplacée un temps par un maître. Tout a alors changé.

En classe, il ne me passait rien. Une fois, il m'a ordonné de rester après la classe. Il a fermé la porte, tiré les rideaux et, en me fixant avec de gros yeux méchants, il m'a reproché d'avoir volé un objet qui se trouvait sur la télé, chez ma nourrice. J'ai répondu que ce n'était pas moi, que je n'avais rien pris. Il m'a mis une claque. Comme je n'avouais pas être l'auteur de ce vol, il a continué à me frapper. Finalement, j'ai reconnu avoir piqué cet objet, alors que c'était faux. C'était terrible, mais je n'avais pas voulu balancer Farid. Il était le seul à être sympa avec moi.

J'ai eu envie de fuir l'école, de m'évader de chez « tata ». Je n'en pouvais plus. J'ai beaucoup pleuré.

C'est un souvenir douloureux encore aujourd'hui pour moi. C'était injuste de me punir pour ce que je n'avais pas fait.

Après les vacances de Noël, les copains dans la cour de récré parlaient de leurs cadeaux. Je les écoutais avec envie. Moi, je n'avais eu droit à rien, à aucun cadeau. Je n'aimais pas cette période. Surtout quand la maîtresse interrogeait les copains sur ce qu'ils avaient eu. Alors je répondais « une petite voiture » pour faire comme eux.

Quand Pâques arrivait, je disais à la maîtresse que j'avais eu un lapin au chocolat. Je mentais pour ressembler à mes copains. Mais j'étais triste de n'avoir rien, d'être différent des autres, de n'avoir pas droit à la même chose qu'eux.

Pendant les vacances, l'été, quand les voisins étaient partis, j'allais en cachette dans leur jardin me goinfrer de noix, de mûres ou de pommes. C'était bon.

J'ai aussi le souvenir de ces journées de juillet ou d'août où parfois, avec des copains qui habitaient le village, on jouait dans les champs et dans la forêt qui longeait la ligne de chemin de fer. Nous aimions bien chasser les vipères ou les couleuvres qui s'enroulaient autour des bâtons avec lesquels on les avait débusquées. Nous n'étions pas très rassurés mais cela nous fascinait.

Un jour, nous avons découvert dans un buisson un objet qui s'est avéré être un petit obus. On l'a rapporté au grand-père d'un de mes potes. Il nous a indiqué qu'il datait de la Première Guerre mondiale, qu'il en avait déjà trouvé, qu'il fallait faire attention, ne pas y toucher quand on en déterrait et surtout le prévenir car il les collectionnait.

J'aimais bien aussi attraper les papillons ou les coccinelles, je les mettais dans une boîte d'allumettes. Et avec mes copains, on comptait les points noirs sur leur carapace. On m'avait raconté que c'était ainsi qu'on connaissait leur âge. Plus elles en possédaient, plus elles étaient vieilles. On traquait aussi les hannetons pour les écraser, et ça pue très fort.

Naturellement, aussi, on sonnait aux portes et on détalait en courant, les gens hurlaient contre nous, mais cela nous faisait toujours marrer.

Notre jeu favori, l'hiver quand il y avait de la neige, était de nous servir de nos cartables comme luges. On se faisait réprimander par la maîtresse, nos cahiers et nos livres, trempés, dégoulinaient. Nous les faisions sécher sur le radiateur et, pendant ce temps, elle nous punissait en nous envoyant au coin avec les mains sur la tête.

Le curé, j'ai oublié son nom, était très gentil. J'ai même été enfant de chœur. Plusieurs fois, j'ai participé à des baptêmes, j'en étais fier. Le curé me donnait un sac de dragées et parfois une pièce de 5 francs. Je la planquais à côté d'un gros chêne pas loin de la maison de peur que la « tata » ne me la pique. Je les dépensais pour m'acheter des bonbons au marchand ambulant qui venait régulièrement au village avec son camion Citroën en tôle ondulée grise.

Le curé m'a fait faire ma première communion. Je ne lui ai jamais raconté la méchanceté de la « tata ». Pourtant, je me sentais bien avec lui. Il était vraiment super.

Le cadeau de mon père

Il y a un souvenir très douloureux qui me revient fréquemment. Je ne sais pas exactement quel âge j'avais. « Tata » m'a dit un soir : « Regarde ce que ton père t'a envoyé. » Elle a ouvert le paquet devant moi. Il contenait du chocolat, des bonbons, des petites voitures… et une enveloppe qu'elle a glissée dans sa poche. Elle a alors dit qu'elle allait envoyer tout cela en Italie. J'ai crié : « Non, c'est à moi ! C'est mon papa qui me les a envoyés ! » En guise de réponse, j'ai eu droit à plusieurs claques et à l'ordre d'aller immédiatement dans ma chambre sans dîner. Cela m'a beaucoup marqué. C'était injuste. J'ai beaucoup pleuré.

J'ai su plus tard que, dans l'enveloppe, il y avait de l'argent pour qu'elle m'achète un vélo et que mon père m'avait plusieurs fois adressé des colis. Elle ne me l'a jamais dit et ne m'a jamais acheté de vélo.

J'étais seul, je l'ai dit, les enfants de la nourrice ne me parlaient que très peu. Christophe m'ignorait la plupart du temps. Mais un jour, je devais avoir neuf ou dix ans, j'étais dans ma chambre, j'entends Christophe m'appeler pour que je vienne le retrouver. J'y suis allé. Il était allongé sur son lit et se tripotait le sexe. Il voulait que je ferme la porte et que j'approche de lui. Mais « tata » est arrivée avant, m'a viré et je l'ai entendue l'engueuler.

2

LE RETOUR DE MON PÈRE

Un peu plus tard, la « tata » m'a dit que j'allais partir, que mon père me récupérait. Et elle est alors redevenue gentille avec moi.

Je l'ai attendu avec impatience. Quel bonheur quand il est enfin arrivé ! Il était accompagné d'une femme qui n'était pas ma mère, que j'ai appelée par la suite « tata Léone ».

Avant de monter en voiture, j'ai entendu ma nourrice déclarer à mon père que j'avais cassé mon vélo. Ce n'était pas vrai. J'étais révolté par ce mensonge. J'ai alors beaucoup pleuré. Mon père a cru que c'était parce que je quittais la nourrice. Non, c'était du fait de ce mensonge. Je n'avais pas cassé ma bicyclette pour la bonne et simple raison que je n'en avais pas.

Il est vrai que j'étais tout de même triste d'abandonner mes copains de classe. Ils étaient mes seuls amis et je m'entendais bien avec eux.

Nous avons pris la route de Paris dans une 504 Peugeot. Tout le long du voyage, je regardais les paysages. En arrivant à la capitale, je fus ahuri par tant d'agitation, de bruits, de feux rouges, de voitures, de gens dans les rues. J'étais fasciné par les autobus et les policiers qui faisaient la circulation. Je n'étais pas habitué. Depuis longtemps, je vivais à la campagne, dans un petit village très calme.

Tout cela était extraordinaire pour moi, et puis j'étais délivré de ma méchante nourrice et de sa famille. Surtout j'avais retrouvé mon père. Il me parlait et faisait attention à moi.

Le bonheur retrouvé

Ma nouvelle maison était au 3 rue de Périgueux, dans le XIXe arrondissement, au sixième étage, porte droite, je m'en souviens parfaitement. Ma chambre était à côté de celle de mon père et de tata Léone.

J'ai vécu alors des moments de bonheur que je n'avais jamais connus auparavant.

Chez mon père et tata Léone, on mangeait super bien. Je me rappelle du poulet, de la blanquette de veau, du bœuf bourguignon...

Je suis allé plusieurs fois faire les courses dans un supermarché avec tata Léone et mon père, qui me prenait souvent la main. Il y avait de tout. Pour moi, c'était fantastique. J'étais habitué à la camionnette de l'épicier qui traversait le village en klaxonnant pour annoncer son arrivée et qui stationnait sur la place de l'église.

Je garde aussi de bons souvenirs de ma nouvelle école primaire rue des Cheminets, dans le XIXe arrondissement.

Au début cela m'a fait hyper bizarre. Beaucoup de monde, plein d'élèves. Je me sentais un peu perdu. Certains se moquaient de mon accent campagnard. Mais c'était sympa.

Lors des vacances, je suis allé dans un centre aéré. C'est là que j'ai connu mon premier flirt. La fille qui me plaisait habitait en face de chez moi, et je l'avais repérée depuis un bout de temps. Un jour, elle est allée aux toilettes, et je l'ai suivie. Devant les lavabos, je lui ai demandé de me montrer son sexe et promis de lui montrer le mien si elle s'exécutait. Elle a hésité mais a fini par s'exécuter et moi aussi. Ce n'est pas allé plus loin. Mais cela m'a marqué.

Mon père était devenu agent de sécurité au centre d'essais du TGV à Vitry. Il m'y a même emmené une fois. C'était immense. Il m'a montré comment il faisait ses rondes. Il avait une clef qui ouvrait des boîtes qu'il appelait des « mouchards ». J'étais fier de l'accompagner ; fier de lui, fier d'être son fils, heureux d'être avec lui.

Un jour, il m'a montré la cicatrice qu'il avait au bras gauche. Il m'a dit que, lorsqu'il était déménageur, il avait sauvé la vie à l'un de ses collègues qui risquait d'être écrasé par un piano, mais que c'est lui qui avait été blessé. Pour moi, il était génial mon père, je l'admirais, l'aimais encore plus.

À la maison, cela se passait super bien, même avec les enfants de tata Léone qui venaient souvent la voir. J'avais une vraie maman, comme je l'avais imaginée.

Je n'ai pas vraiment connu ma mère. J'ai été placé petit, elle ne s'est jamais occupée de moi. Mon père ne m'en parlait pas. Je ne l'ai jamais revue, je ne sais pas ce qu'elle est devenue.

J'ai la haine de ma mère, elle m'a laissé tomber comme une vieille chaussette. Plus tard, j'ai essayé d'en savoir plus sur elle, mais je n'ai pas retrouvé sa trace.

Mon père se met à boire

L'ambiance à la maison a progressivement changé. J'étais en âge de comprendre ce qui se passait.

Mon père s'était mis à boire. Quand il avait bu, il criait, m'engueulait, il concentrait sur moi son agressivité. Un jour, il m'a frappé sans motif, et une autre fois, j'ai reçu une baffe parce que je ne savais pas bien mes leçons.

Lorsqu'il attrapait la bouteille de Ricard, son visage se transformait. Il devenait violent, tout l'énervait. Dans ces moments-là, j'étais tellement paniqué que je me planquais sous la table, en attendant qu'il se calme et somnole dans un fauteuil. Mais parfois cela le mettait encore plus en colère de me voir me cacher. Il m'attrapait par où il pouvait, me tirait tandis que je m'agrippais aux pieds de la table. Je prenais alors une raclée : claques, coups de pied sur les fesses... Tout y passait. Sa violence me faisait peur mais j'encaissais sans rien dire pour ne pas l'énerver davantage. Ces scènes douloureuses ne s'effaceront jamais de ma mémoire, et cela me fait encore mal.

Quand il n'était pas bourré, c'était un père super. Il me jouait de l'harmonica, nous chantions ensemble. Je l'aimais. Souvent, oubliant le reste, je me rappelle ces instants, notre complicité, et cela me fait du bien. Je retrouve le bonheur de l'amour paternel.

Mon père est décédé en 1996. Je n'ai pu assister à ses obsèques, j'ai appris sa mort un an après. Je ne le voyais plus depuis longtemps. Il s'était mis en ménage avec une femme, alcoolique comme lui, après le décès de tata Léone. Elle est morte à la suite d'un accident domestique : alors qu'elle faisait la cuisine, sa blouse en Nylon s'est enflammée. Elle a été gravement touchée et a succombé à ses brûlures.

J'ai rompu tout contact avec mon père, car je ne supportais plus de le voir sans cesse complètement saoul. Ce fut difficile comme décision. Mais le spectacle qu'il donnait me faisait pleurer de dégoût.

3

JE FUGUE

Au collège Georges-Drouot dans le XIXe arrondissement, j'ai eu bien du mal à m'adapter. Je n'avais pas envie de travailler. J'étais indiscipliné. Souvent, je foutais le bordel avec mes copains Daniel et Laurent. Nous devions être en sixième. Naturellement, sur mon carnet de correspondance, les profs signalaient mon comportement, mais comme j'imitais la signature de mon père, il ne l'a jamais vraiment su.

Je me souviens des bagarres à la récré, des cigarettes dans les toilettes. Fréquemment, je faisais l'école buissonnière pour aller traîner aux Buttes-Chaumont.

En réalité, ni mon père ni Tata Léone ne savait que je séchais les cours, qu'avec mes copains nous empilions les conneries. Mais, un jour, ils ont reçu une lettre du principal du collège les avertissant de mes nombreuses absences. Tata Léone m'en a prévenu et dit que mon père ne serait pas content quand il l'apprendrait à son retour.

J'ai eu tellement peur de sa réaction que j'ai fui la maison. Je ne savais pas où me planquer, finalement je suis allé chez Daniel. Sa mère était cool et elle m'a accueilli avec gentillesse. Je lui avais dit ce que j'endurais à la maison lorsque mon père était plein.

Parfois avec mes copains, quand on séchait les cours, on squattait une des caravanes qui était stationnée pas loin du collège. C'était un camp de gitans. Le chef n'était pas content, mais je lui ai dit que j'avais fui mon père parce qu'il me tapait quand il avait bu. Alors, il a été sympa et m'a permis de me réfugier dans la caravane quand cela n'allait pas à la maison. J'ai vite été copain avec les enfants du camp, on jouait ensemble.

Quand, avec Daniel, nous faisions nos virées aux Buttes-Chaumont ou dans le parc de la Villette, nous aurions aimé avoir un peu d'argent, mais nous n'en avions pas. Alors nous piquions un peu à droite et à gauche dans les magasins, mais ça n'a pas duré longtemps parce que j'avais peur de la police.

Avec Daniel et Laurent, nous avions imaginé un moyen efficace pour dérober facilement des bonbons, du chocolat ou des biscuits. On faisait d'abord nos courses au Félix Potin de la porte Brunet. Quand nous avions terminé, au moment où nous aurions dû passer à la caisse, on faisait éclater partout des boules puantes. Faut dire que vu le nombre que nous écrasions, ça sentait vraiment beaucoup la merde. Les clients ne supportaient pas l'odeur et sortaient rapidement du magasin. Les caissières ne faisaient plus attention, et nous on en profitait pour nous éclipser sans payer. Quel bon souvenir ! On se goinfrait de ces friandises en rigolant de nos exploits.

Nous allions aussi parfois faire une virée dans les Catacombes. Nous y rencontrions des gens bizarres, qui y vivaient dans le noir et au milieu de gros rats, et parfois dans des endroits humides et boueux. Il nous arrivait également de nous promener sur les toits des immeubles. Cela me fascinait.

La mère de Daniel était gardienne et on savait quels appartements étaient vides et comment accéder aux toits. Depuis là-haut, on s'amusait à balancer des œufs sur les passants. Qu'est-ce qu'on se marrait ! On explosait de rire quand on entendait les gens gueuler. Comme ils ne nous avaient pas repérés, ils cherchaient d'où provenaient ces œufs.

Toujours parce que nous n'avions pas d'argent de poche et par jeu, nous avons commencé à taper la manche, boulevard Jean-Jaurès. Les bénéfices étaient très modestes, nous n'étions pas très crédibles, mais on rigolait bien.

Un jour, nous sommes tombés sur un grand monsieur de couleur. Je l'ai reconnu tout de suite : c'était Huggy les Bons Tuyaux de *Starsky et Hutch* ! Incroyable ! Il ne parlait pratiquement pas le français et il m'a filé un billet de 100 francs. À cette époque, c'était beaucoup et je n'en avais jamais vu auparavant.

C'était la première fois que je rencontrais une star. Comme le lendemain j'ai refait la manche, je me suis adressé uniquement aux Noirs : je croyais qu'ils étaient tous aussi généreux que Huggy. J'ai été vite déçu. Je n'ai récolté que 1 franc par-ci par-là, et un billet de 20 francs.

C'est comme ça que j'ai commencé à faire la manche au lieu d'aller à l'école. Je ne me doutais pas que cela deviendrait une nécessité pour moi plus tard. À ce moment-là de ma vie, ce n'était qu'un jeu, un simple défi.

Je me souviens aussi de l'expédition que nous avions organisé, Laurent, Daniel et moi, au cimetière du Père-Lachaise. Nous avons eu très peur. Il commençait à faire nuit. En circulant parmi les tombes, nous avons aperçu des gens en noir, en procession. Terrible impression. On a détalé à toute vitesse. Nous avons cru que c'étaient des extraterrestres ou les membres d'une société secrète.

Nous allions aussi parfois devant les studios de la télévision aux Buttes-Chaumont pour demander des autographes aux artistes. Pas toujours avec un grand succès.

Et puis il est arrivé un moment où la mère de Daniel m'a demandé d'aller à la brigade des mineurs, dans le quartier du Châtelet, pour expliquer ma situation. La dame qui m'a reçu m'a écouté et interrogé pour savoir si je voulais quand même revenir à la maison. J'ai accepté de retrouver mon père et tata Léone

Quand je suis rentré, mon père était calme.

Mais cela n'a duré que peu de temps. Il ne pouvait plus s'empêcher de boire. Et, bien souvent, il était bourré. Je supportais de moins en moins bien ses accès de violence, ses hurlements. Il me faisait de plus en plus peur, il était incontrôlable.

Le sermon dont j'avais été l'objet à la brigade des mineurs n'a pas eu beaucoup d'effet sur mon comportement scolaire. Avec Daniel, j'ai continué à sécher les cours régulièrement. J'ai donc fini par me retrouver devant les flics parce que mon père avait signalé une nouvelle fois ma disparition. J'ai passé une nuit dans un foyer et je suis allé avec mon père voir le juge des enfants, Mme Leprince.

La juge m'a fait entrer dans son bureau après avoir parlé seule avec mon père ; elle m'a demandé si je voulais demeurer à la maison. Puisque j'avais plus de treize ans, je pouvais choisir d'être placé dans un foyer. J'ai préféré repartir chez mon père. La juge m'a longuement sermonné mais je ne me rappelle pas ses paroles exactes.

Je n'ai pas la mémoire précise des années qui suivirent. Mon père s'était calmé un moment. Je pense qu'il avait arrêté de boire. J'ai continué à aller à l'école, mais pas toujours très assidûment. Je n'étais pas un bon élève.

Quand mon père s'est remis à boire, j'ai recommencé à fuguer.

Lors de l'une de mes fugues, durant lesquelles je traînais souvent dans la rue, il m'est arrivé de croire être observé par deux motards de la police. Prenant peur, persuadé qu'ils étaient à ma recherche, j'ai fui à toute vitesse pour leur échapper. Afin de les semer, je suis entré dans un centre commercial par une porte pour en sortir par une autre.

Finalement est venu le jour où la mère de Daniel m'a dit que cela ne pouvait plus durer, qu'elle finirait par avoir des ennuis. Elle m'a demandé d'aller à nouveau à la brigade des mineurs. Cela faisait au moins un mois ou plus que j'avais fugué. J'y suis allé. J'ai passé la nuit dans un foyer.

Je suis repassé devant la juge et, à ce moment-là, j'ai dit que je ne voulais plus retourner chez mon père. La vie à la maison n'était plus possible pour moi.

Les orphelins d'Auteuil

La DASS d'Antony m'a placé auprès de la fondation des orphelins apprentis d'Auteuil, c'est M. Collin qui devait s'occuper de moi.

Ça s'est assez bien passé. J'ai choisi de préparer le métier d'ébéniste, un peu par hasard. En réalité, je voulais être archéologue sans savoir très bien ce que cela impliquait. Mais comme M. Villette, le prof de menuiserie, était sympa, j'ai suivi les cours. Je n'aimais pas tellement ce métier mais j'étais assez heureux.

Le samedi et le dimanche, nous allions au cinéma avec des animateurs ou au centre commercial Belle Épine pour acheter ce qu'il fallait pour manger.

Pendant les vacances, on nous a emmenés à la montagne pour faire du ski. C'était génial.

Je fugue

Puis j'ai été placé ensuite dans un foyer de jeunes travailleurs dans le XVIIIe arrondissement. J'ai cherché du travail, trouvé du boulot par intérim aux chantiers de construction de la Villette et au Bourget.

J'ai plutôt de bons souvenirs de cette période qui a précédé mon départ pour l'armée.

Un jour, à la même époque, ça me revient, j'avais gagné un peu d'argent, je suis entré dans une boulangerie, j'ai acheté dix gâteaux. Je me suis installé sur un banc, il faisait beau et je les ai tous bouffés. J'étais heureux.

4

PIGALLE ET MARCO

Je suis allé me balader à Pigalle. C'est un lieu attirant. J'ai vite été fasciné par ce que je découvrais. C'était terrible. Je n'avais jamais vu une ambiance aussi chaude. Je regardais partout pour ne rien perdre du spectacle. Il ne fallait pas avoir froid aux yeux avec toutes ces devantures et affiches sexy, ces filles qui racolaient sans aucune retenue et dissimulation. Tout cela m'excitait. Et ces lumières de toutes les couleurs qui étincelaient m'entraînaient dans un autre monde, celui de la fête permanente où tout était permis.

Vite, j'ai aimé traîner le soir à Pigalle. J'étais émerveillé par les gens qui y déambulaient. J'ai fait la manche, cela me rapportait suffisamment pour me payer des sandwichs énormes ou des crêpes.

Comme j'avais pris l'habitude de venir souvent dans le quartier, j'ai été repéré par les vendeurs de hot dogs, les portiers d'hôtels, les chasseurs de cabarets ou même par des filles qui me faisaient un petit sourire quand elles me voyaient faire le trottoir à la recherche de clients. Elles me filaient parfois un peu de monnaie.

Rien à Pigalle n'est comme ailleurs. Même le bruit y est différent.

Rencontre avec Marco

Un soir, j'ai parlé avec Marco, le patron de la crêperie du *Chat noir*. J'étais venu dire bonsoir au crêpier que je connaissais un peu. Nous avons discuté, je lui ai raconté un peu mon enfance, ma vie, j'habitais au foyer des jeunes travailleurs. J'avais besoin de trouver un boulot. Un qui me plaise si possible. Je lui ai demandé s'il n'en avait pas un pour moi après le service militaire. Il m'a dit qu'il pourrait m'aider si nécessaire.

Je suis parti à l'armée. Je suis resté six mois en Allemagne à la 1re compagnie de combat stationnée à Neustadt. J'y ai bien déconné, fait le mur, passé une nuit à picoler à la fête du vin blanc. Quand on a fini par rentrer à la caserne complètement beurrés, les copains que j'avais entraînés et moi, on s'est retrouvés au gnouf pendant trois semaines.

J'ai été réformé à cause de mes pieds. Je n'étais pas trop triste de quitter l'armée, ce n'était pas mon truc, mais les copains étaient sympas. Et l'armée n'était pas mécontente de se débarrasser de moi. Les chefs n'aiment pas beaucoup les déconneurs.

Dès mon retour à Paris, je suis naturellement retourné voir Marco. J'espérais bien pouvoir bosser pour lui.

Quand j'ai débarqué à Pigalle, il était parti en vacances, la crêperie était fermée. Je ne savais que faire ni où aller. Mon rêve s'écroulait. J'ai traîné toute la journée, faisant plusieurs haltes dans des bars. Je buvais pour me donner du courage. Mes faibles économies y sont presque toutes passées. J'étais complètement noyé dans l'alcool.

J'étais seul et ma solitude me faisait mal. Je n'avais pas de famille – j'avais pris mes distances avec mon père –, pas d'amis à rejoindre, personne à qui parler.

J'ai continué à traîner, rien ne m'intéressait vraiment. Ma tête était vide, un trou noir. Je subissais le temps. Cela a duré jusqu'au petit matin. À 5 heures, le métro a rouvert, je me suis installé dans une rame, j'ai somnolé. Au terminus, j'ai refait le trajet en sens inverse. J'étais épuisé, déçu, découragé, déprimé.

En début d'après-midi, je suis remonté à la surface, j'ai retrouvé la lumière du jour, toujours aussi seul, toujours incapable de réagir. J'en suis même arrivé à regretter l'armée. Même au trou, j'étais mieux, au moins j'avais des potes avec qui discuter.

J'étais sale, mais ne savais où me laver. Mes vêtements étaient dégueulasses, sentaient le vieux. Je n'avais pas de quoi me changer ou les moyens de les faire laver.

J'ai tenté de faire la manche pour gagner un peu d'argent pour me payer quelque chose à manger. Mais je récoltais très peu de monnaie…

Le soir venant, j'ai cherché où passer la nuit. Je ne pouvais me résoudre à dormir dans la rue. Ce n'était pas mon truc. Je suis allé m'échouer un peu par hasard dans le parc des Buttes-Chaumont. Je me suis vautré sur une pelouse, puis planqué dans un buisson pour ne pas être repéré par un gardien et être expulsé. J'ai dormi sans être dérangé.

Le lendemain, j'ai appris par un mec qu'il y avait, place des Fêtes, des douches gratuites pour les gens de la rue. J'y suis allé. Cela m'a fait du bien de me laver.

Mais, au fil des jours, à ce rythme, mes habits sont devenus de plus en plus crados. Cela a duré longtemps, probablement un mois. Je m'en souviendrai toute ma vie. C'était pénible à supporter mais je n'avais pas le choix. J'étais chaque jour un peu plus désespéré.

Marco est enfin revenu.

Quand je l'ai vu, j'ai été tellement heureux que j'étais près de pleurer. Si j'avais osé, je l'aurai embrassé. Il était mon espoir. Mon cauchemar prenait fin.

Il a tenu parole. Il m'a proposé de seconder Pinot et le Shérif, ses crêpiers.

Il m'a fait nettoyer mes vêtements à la laverie qu'il possédait rue Yvonne-Le-Tac. Je n'avais pas eu les moyens de les laver pendant son absence. Il m'a même acheté un pantalon, une veste et des sous-vêtements neufs, et même il me commanda un costard chez un de ses potes, rue des Abbesses.

Il m'a proposé, comme je ne savais où habiter, de m'héberger chez lui. Il me donnait ma chance. Je ne devais pas trahir sa confiance. C'était notre contrat.

Je me suis mis au travail tout de suite. J'ai appris à faire des crêpes. Ce n'est pas trop difficile. Et je me suis impliqué totalement et sans problème dans mon nouveau job.

Très vite Marco m'a dit qu'il était satisfait de mon travail et surtout de ma volonté de bien le faire.

Je bossais consciencieusement, ne comptant pas mon temps. J'étais si heureux d'avoir un boulot, qui plus est dans un endroit qui me plaisait tellement. Les clients ou clientes étaient sympas, je voyais du monde, pouvais parler, discuter, parfois les clients me laissaient un petit pourboire. Cela me faisait de l'argent de poche.

J'étais redevenu quelqu'un à qui on disait bonjour, bonsoir, merci. Je n'étais plus ce clodo qui fait la manche et qu'on évite, qu'on méprise !

Cette nouvelle vie me plaisait. J'étais plein de joie, je souriais, satisfait de servir les clients.

C'est fou ce que les gens, à n'importe quelle heure du jour ou de la nuit, bouffent de crêpes !

Quand je ne bossais pas, il m'arrivait aussi d'aider les chasseurs des cabarets à rabattre des clients vers leur établissement. En échange, j'avais droit à une petite pièce, parfois un petit billet quand j'avais été efficace.

Marco me traita un peu comme son fils, et j'ai donc habité chez lui, 78 boulevard de Clichy ; il était propriétaire d'un super et très grand appartement où j'avais une chambre. Il y vivait seul depuis le décès de sa femme, du moins d'après ce qu'il m'avait indiqué.

Connu à Pigalle, Marco y était installé depuis longtemps, tout le monde l'appelait par son prénom, l'aimait bien et le respectait. Il savait être généreux, ne rechignait pas à filer de la monnaie ou un billet à ceux qui en avaient besoin, à les dépanner. C'était un *monsieur*. Je savais que si j'avais un problème je pouvais faire appel à lui.

Il m'entretenait complètement et, de temps à autre, me filait un peu d'argent, mais je ne recevais aucun salaire fixe.

Durant cette période, j'ai fait attention à moi, je voulais lui faire honneur, qu'il ne puisse me faire aucun reproche sur mon comportement et ma tenue.

Marco, lui, était toujours bien sapé, costumes impeccables. Il portait un chapeau, qui me faisait rire, un borsalino comme ceux des mafieux.

Il était sympa, Marco. Certes, je n'étais pas payé, même si j'en faisais des heures et des crêpes. Je ne posais pas trop de questions, j'étais nourri, logé, blanchi. C'était déjà pas mal. Je lui étais très reconnaissant de s'occuper si bien de moi, je n'étais pas habitué à de telles gentillesses.

J'avais une totale confiance en lui. Il me protégeait, et lui savait pouvoir compter sur moi. Je lui étais complètement dévoué. Il donnait un ordre, j'exécutais sans rechigner, sans poser de questions. Il appréciait mon attitude à son égard, il me l'a dit plusieurs fois. À chaque fois ses compliments me donnaient une « pêche » supplémentaire.

Ce fut une belle période pour moi. J'étais entouré, considéré.

Marco a acheté une deuxième crêperie, et j'y ai bossé, car il me faisait confiance. Mes journées étaient bien remplies, mais je ne me plaignais jamais.

Le soir, je rigolais avec les chasseurs et je me tapais parfois des stripteaseuses des cabarets d'à côté.

J'ai fréquenté régulièrement le bar *Le Dépanneur*, rue Fontaine, dont la spécialité était la tequila. J'étais connu et personne ne m'ennuyait, tout le monde savait que je bossais dans le coin pour Marco. Il m'est même arrivé de me payer le cinéma. C'était la bonne vie. Sans problème. J'étais heureux. En fait, je prenais la vie comme elle arrivait.

J'avais fait la connaissance d'un pote qui habitait juste au-dessus du restaurant *La Bohème* dont il était le cuisinier. Chez lui, on écoutait de la musique, on faisait monter des filles, on déconnait gentiment ensemble.

Marco, un jour, m'a invité à l'accompagner en Italie pendant les vacances. J'avais vingt ans. C'était super sympa, vraiment extra. Quel bon souvenir !

Marco possédait un grand appartement à Termoli, sur la côte adriatique, ainsi qu'une maison à Campobasso et une ferme, dans les terres, où il faisait cultiver des oliviers et du blé. Il m'a aussi emmené à Capri. Il m'a présenté des filles, elles appréciaient le « petit Français ». Jamais en France je n'avais mangé autant de glaces, de pizzas, de spaghettis, de raviolis et de parmesan ! J'ai profité du soleil au point d'en devenir un peu rouge. Bonheur total. Et puis, un jour, il m'a fait l'honneur de m'emmener déjeuner avec toute sa famille. Je le considérais un peu comme mon père adoptif.

Après ces belles vacances tous frais payés, j'ai repris mon boulot à la crêperie.

J'étais toujours hébergé chez lui jusqu'à la fois où j'ai fait monter une fille, Sarah, une stripteaseuse, dans ma chambre. Et cela, il ne voulait absolument pas. Je le savais. Il me l'avait interdit.

Quand il s'en est aperçu, il m'a engueulé et ordonné de dégager immédiatement Sarah. Mais elle m'avait fait chavirer, j'étais fou amoureux d'elle, je ne pouvais pas m'en passer. Je me suis cassé de chez lui. Je me suis donc fâché avec lui. Il n'était plus question pour moi de travailler à la crêperie ; d'ailleurs, il n'a plus voulu de moi.

J'aurai dû l'écouter quand il m'avait prévenu que cette fille n'était pas pour moi. Que je faisais une énorme connerie. Avec Sarah, cela a duré moins de six mois. Elle est partie.

Je me suis alors à nouveau retrouvé seul et à la rue. Je n'ai pas osé retourner vers Marco, il ne m'aurait pas bien reçu, car je n'avais pas suivi son conseil, je l'avais déçu. Il n'aimait pas cela. Je n'ai pas osé non plus lui demander de me reprendre dans son équipe. J'ai préféré changer d'endroit, me fixer dans un autre quartier, me débrouiller tout seul, j'étais persuadé que j'arriverais sans aide à m'en sortir.

La galère a recommencé, et plus le temps passait et plus je m'enfonçais.

5

JE REDEVIENS UN SANS DOMICILE FIXE

Longtemps, je suis demeuré SDF. Je n'avais plus rien, ni domicile, ni boulot, ni fric et encore moins de copains. Je n'osais même plus retourner à Pigalle de peur de tomber sur Marco. Il n'a jamais été violent avec moi, mais je ne voulais pas devant lui reconnaître qu'il avait eu raison de me mettre en garde contre cette fille. Et puis je n'avais pas respecté la règle qu'il m'avait imposée : j'avais ramené une fille chez lui.

Seul, j'étais tout seul, désespéré, vidé de toute envie. Je n'avais plus qu'à tenter de retrouver du boulot et, en attendant, refaire la manche. C'est ce que j'ai entrepris avec difficulté. J'avais connu une autre vie, des potes sympas, des filles superbes, bien des gens du quartier m'appelaient Jean-Marie. Tout cela était terminé.

Je m'installe dans la rue. Comme on fait alors, j'ai déniché des cartons pour me protéger de l'humidité et du froid et trouvé un coin tranquille. Je dormais mal, toujours sur le qui-vive. Je me suis fait plusieurs fois tabasser. Je recevais aussi souvent des coups de pied de la part d'ivrognes ou de passants pour se venger ou se défouler.

Vite, j'ai préféré me réfugier la nuit dans le parc des Buttes-Chaumont ou dans le square de la Butte du Chapeau Rouge, porte Brunet, dans le XIXe arrondissement. C'est quand même moins stressant que dans la rue et plus confortable. La terre, le gazon, les feuilles mortes, c'est moins dur que le trottoir.

J'en ai passé des nuits à la belle étoile, comme on dit quand on n'est pas obligé de dormir dehors.

Je trouvais souvent un moyen d'entrer dans le parc en évitant de me faire repérer et piquer par les gardiens et de passer devant les postes de surveillance. Il y avait toujours une faille dans la clôture qui me permettait de pénétrer à l'intérieur en me faufilant.

Je me cachais dans les buissons, pour ne pas être interpellé par les gardes et écoper d'une amende. Ils ne sont jamais arrivés à me repérer. Il est vrai aussi que certains d'entre eux faisaient comme s'ils ne voyaient pas ceux, qui comme moi, passaient la nuit dans le parc. Ils nous laissaient dormir pourvu que nous ne foutions pas le bordel.

Quand il pleuvait, je cherchais à m'installer dans les halls d'immeubles ou les cages d'escalier, mais j'étais vite viré par les gardiens et, de peur qu'ils ne préviennent la police, je déguerpissais rapidement.

La pluie pour moi était souvent plus pénible à supporter que le froid. Elle pénètre et s'infiltre partout, quand elle a cessé de tomber, elle laisse son humidité, les habits n'arrivent pas à sécher. Je sentais le moisi.

Je me souviens, un soir, alors que j'avais traîné longuement dans Paris – j'en ai fait des kilomètres ! –, je me suis retrouvé rue de la Faisanderie, dans le XVIe arrondissement. J'avais entendu dire qu'il y avait dans ce quartier des endroits ou l'on pouvait s'échouer à peu près tranquillement. Après une longue recherche, je suis entré dans un immeuble, il y avait au fond du hall un petit jardin sympa. Je me suis installé. La première nuit, tout s'est bien passé, la suivante aussi, et puis lors de la troisième, au petit matin, j'ai vu débarquer les flics et le gardien. Ils me sont tombés dessus, m'ont contrôlé, j'étais en règle, ils ne m'ont pas embarqué au poste, mais j'ai été viré sans ménagement et fermement prié de ne jamais revenir. J'ai compris, ils n'avaient pas l'air de plaisanter.

La nuit dans le métro

Je me suis également réfugié dans le métro pour dormir dans des rames ou le long de voies de garage, porte de Pantin.

Je prenais le dernier métro et, au terminus, je me planquais sous la banquette pour que le machiniste ne me repère pas. Quand il était parti et le métro arrêté sur une voie de garage, je m'allongeais sur une banquette.

J'étais parfois si épuisé que je m'endormais rapidement. Il m'est arrivé, quand je me réveillais, de m'apercevoir qu'on m'avait piqué mon sac à dos, même mes pompes avaient disparu pendant mon sommeil. Je n'avais plus rien. Si j'étais tombé sur celui qui m'avait fait cela, je lui aurais défoncé la gueule.

La nuit dans le métro, il y a un nombre d'enculés qui ne respectent rien, pas même ceux qui partagent la même vie et comme eux n'ont rien. Vous faire tirer vos affaires, n'avoir plus rien à vous mettre aux pieds, plus le moindre objet de toilette, c'est terrible, à vous faire chialer.

Je ne suis jamais arrivé à me résoudre à vivre longtemps la nuit dans les galeries du métro, alors que certains s'y trouvent bien.

J'y ai croisé des mecs qui visiblement sont là chez eux. Ils occupent les stations désaffectées. Ils sont bizarres et chlinguent terrible. Ils ne doivent pas se laver souvent. J'ai l'impression qu'ils ne remontent jamais à la surface. Ils ne parlent pas.

Un soir, j'étais près de l'un d'entre eux, j'ai voulu lui offrir une cigarette et discuter avec lui, il ne m'a pas répondu. Il ne m'a pas regardé et, naturellement, n'a pas pris la cigarette. Je me demande même s'il s'est aperçu de ma présence. Je n'existais pas pour lui.

Il s'est éloigné, a fouillé dans une poubelle et a mangé ce qu'il avait trouvé. J'ai compris que ce n'était pas la peine d'insister. C'était un grand gaillard, cheveux longs et grande barbe mal taillée, il portait un grand manteau gris et plein de taches.

Son regard était étrange, inquiétant, absent. Il n'exprimait rien.

Puis, il s'est installé par terre et s'est couché sur des journaux, des cartons. Il m'a semblé qu'il somnolait, parfois il ouvrait vaguement les yeux. Je l'ai regardé un moment avant de m'éloigner de lui, de m'écarter de ce personnage mystérieux qui ne semblait pas vivre dans le même monde que moi.

Dans ces stations désaffectées, ces personnages ont leurs habitudes, il ne faut pas les perturber. Ils doivent avoir peur qu'on ne les déloge.

À cette époque, je cherchais simplement un coin pour passer la nuit et pas à me faire des copains. D'ailleurs, je me suis vite rendu compte que ce monde souterrain n'était pas le mien. Je me sentais mal à l'aise parmi ses habitants zombis.

Le métro, c'est dégueulasse, plein d'ordures qui puent l'œuf pourri. Ces odeurs, je n'ai jamais pu m'y habituer, elles me collaient à la peau et imprégnaient mes affaires. Plusieurs fois, elles m'ont donné mal au cœur tellement la puanteur était forte.

Je n'ai pas pu non plus m'habituer à ces rats qui pullulent. Jamais je n'en ai vu d'aussi énormes, si gros qu'on les confond avec des chats. Ils sont partout, grouillent, vous filent dans les pieds. Je m'étais armé d'un bâton pour les faire fuir. Plusieurs fois, j'ai cru qu'ils allaient me bouffer les pieds. Ils font du bruit, un bruit particulier, inquiétant.

Le samedi soir, des jeunes chassent en bandes. Ils cherchent l'aventure, se baladent dans les tunnels du métro, les stations désaffectées et les égouts. Il faut faire gaffe, souvent ils sont tellement alcoolisés, peut-être pour surmonter la peur, qu'ils se conduisent comme des voyous. Ils veulent parfois simplement se farcir des clodos : ce sont des proies faciles. Le mieux est d'éviter le contact. C'est ce que j'ai toujours fait.

L'enfer du squat

La nuit, la rue est parfois trop violente pour moi. Alors, j'ai voulu y échapper. Les halls d'immeubles, j'étais toujours chassé. Le métro, je n'ai pas pu m'y habituer. Je ne pouvais pas m'offrir une chambre dans un hôtel. Pourtant, il me fallait trouver un point de chute. J'ai donc tenté de m'inviter dans des squats.

Plus exactement, c'est un copain, dont je ne me rappelle pas le nom, que j'avais rencontré dans la rue qui m'a accompagné dans celui de la rue Coustou dans le XVIIIe arrondissement. C'était un immense bâtiment totalement abandonné et en très mauvais état.

Je suis entré, on ne m'a rien demandé, j'ai trouvé une pièce vide et m'y suis installé. Cela avait dû être une chambre, c'était devenu un taudis. Les murs étaient maculés de taches d'humidité. Pas d'électricité, ni de chauffage. Les chiottes étaient immondes. Personne ne nettoyait ou ne se souciait des autres.

Mais le pire, pour moi, étaient ces toxicos qui, devant tout le monde, se piquaient, tenaient à peine debout tellement ils étaient chargés et déjantés. À ce point défoncés qu'ils pétaient les plombs, hurlaient à vous foutre des frissons. Ils me faisaient peur.

Quand je me promenais dans les couloirs, je les voyais allongés par terre, à même le sol, ou sur des cartons, certains avaient une seringue plantée dans le bras, en dessous d'un garrot de chiffons. Je n'ai jamais pu m'habituer au spectacle de ces mecs qui vous regardent sans vous voir.

Je me souviens aussi de ces putes qui se faisaient tirer sans trop se dissimuler, alignaient plusieurs clients de suite. Ces anciens tôlards déglingués et parfois agressifs qui venaient traîner ou se taper, à bon prix, des filles parfois bien décapées, c'était probablement pour eux des poupées gonflables à qui on peut tout faire subir. Pauvres filles qui devaient subir les assauts d'hommes terriblement en manque de sexe.

Progressivement, je me suis rendu compte que, derrière le bordel ambiant, il y avait des mecs qui tiraient les ficelles, des chefs. Ils intervenaient pour éviter que des embrouilles ne dégénèrent en émeutes, séparer ceux qui se bagarraient trop violemment, virer les toxicos trop abîmés pour séjourner dans ce squat.

Au rez-de-chaussée, des gens vendaient du Coca et de quoi se nourrir. Et parfois, le samedi, ils organisaient des petites fêtes en faisant entrer des gens de l'extérieur, mais il fallait au préalable payer 50 francs.

J'avais souvent peur, il ne me fallait surtout pas le montrer. Je n'ai pas résisté longtemps à cette vie. Je suis parti assez rapidement.

Avec ce que je gagnais en faisant la manche, j'ai loué à une gardienne, au noir, 400 francs par mois, une chambre au premier étage d'un immeuble vétuste, 70 boulevard de Clichy. Je dormais sur un matelas complètement défoncé. Il puait le pourri et la pisse. Il n'y avait pas d'eau ni électricité. Ce n'était pas terrible, mais, au moins, je n'avais pas trop froid et j'étais surtout à l'abri de la pluie et du vent. Je n'étais pas réveillé la nuit par des cris ou le bruit de bagarres. Je pouvais aussi y laisser mes affaires à peu près en sécurité.

J'ai passé près d'un an dans cette minuscule pièce. Je n'ai pas pu y demeurer plus longtemps faute de revenus suffisants. Pourtant, je faisais la tape toute la journée mais cela ne rapportait pas assez.

J'ai recommencé à dormir dans la rue. Mais l'hiver, il fait froid, j'ai tenté de me réfugier dans un nouveau squat. Cela me permettait de peu dépenser ce que je gagnais, ce n'était pas lourd, et ainsi me nourrir de pizzas ou de sandwichs.

Un copain de rue m'avait indiqué celui situé boulevard de Clichy, en face du café *Le Chat noir*. Je m'y suis invité, installé là où je pouvais, personne ne m'a rien demandé.

L'immeuble était abandonné, en très mauvais état, mais il y avait de l'électricité grâce à un raccordement sauvage sur le réseau EDF. Il n'y avait pas d'eau, il fallait la chercher à une fontaine dans la rue et on se la faisait chauffer. On oublie trop souvent à quel point c'est bon l'eau chaude, combien cela fait du bien et vous redonne le moral.

Régnait dans ce squat une bonne ambiance, pas comparable à celle du premier où tout était violence. Certes, parfois on entendait des cris, des engueulades, il est arrivé que cela se castagne un peu, mais rien de très méchant, et cela se calmait assez rapidement.

Nous étions très nombreux, peut-être plusieurs centaines. Tout l'immeuble était occupé par des gens de nationalités différentes, on entendait parler plusieurs langues étrangères. Il y avait une majorité de Noirs. Des prostituées venaient parfois offrir leurs services...

Pour 5 francs, des nanas africaines nous faisaient à manger. Elles nous servaient dans une grande salle où l'on se retrouvait, on picolait. Le dimanche, les occupants dansaient, chantaient, jouaient de la musique, l'ambiance était cool, joyeuse.

Le seul problème, c'était l'alcool et la drogue. On croisait des mecs pétés à l'alcool ou shootés. Ça fumait grave et, le soir, ils planaient dans les nuages. Ça sentait le shit. Ils criaient un peu, déliraient, étaient incontrôlables, mais rien d'extraordinaire.

Avec les camés, vous pouvez tomber sur des barjos, des déjantés prêts à déraper et à vous provoquer. Je m'écartais d'eux. Ils ont des réactions imprévisibles. Vous ne pouvez pas vous entendre, discuter avec eux. Ils ne savent plus ce qu'ils font.

Je faisais gaffe. Je ne me droguais pas. Je fumais par contre beaucoup, la cigarette était devenue ma compagne, elle meublait ma solitude, comblait mes angoisses. Je picolais aussi parfois un peu grave. Je m'enfilais de la bière, et quand je pouvais, je me tapais une vodka ou du Malibu. Je n'étais pas souvent à sec. L'alcool me rendait joyeux, jetait un délicieux voile sur mon état de délabrement, m'empêchait de me regarder en face, me permettait de déconner avec des potes qui n'en étaient pas, mais qui, l'alcool aidant, en étaient devenus.

De temps en temps, la police faisait une descente, on se planquait ou on déguerpissait vite fait, l'immeuble était très grand et truffé de sorties. Les flics chopaient rarement quelqu'un. En fait, ils venaient surtout pour tenter de retrouver un mec qu'ils recherchaient.

Mais il ne fallait jamais donner un renseignement aux flics. La règle, c'est : « Je ne sais rien, je ne suis au courant de rien, je viens d'arriver, je n'ai rien vu, je ne connais rien, je ne parle à personne… Même s'ils menacent de t'embarquer ! » Quand les flics te posent des questions, si tu sors de ces clous, tu prends des risques pour ta carrosserie dès qu'ils ont quitté le squat. Tout le monde te tombe dessus, t'accuse d'être une balance, un salaud. Il te faut alors déguerpir rapide et loin. Ta réputation te colle à la peau.

Le refuge de Nanterre

J'ai aussi échoué au refuge social à Nanterre. J'avais alors à peine plus d'une vingtaine d'années.

J'avais été cueilli avenue des Pyrénées, j'étais avec mes potes Johnny et Charly, c'était le soir, nous avions un peu bu, mais nous ne foutions pas le bordel.

Les « bleus » sont arrivés, nous ont fait monter de force dans un bus. Impossible de refuser. D'ailleurs, ils ne nous ont pas demandé notre avis. Il n'y avait pas de discussion possible avec eux. Ils ne vous écoutent pas, ne donnent pas dans le sentiment. Ils t'embarquent. C'est tout.

Dans le bus, le conducteur était isolé de nous par un grillage métallique. Je me suis assis où je pouvais, au milieu de types plus ou moins bizarres, des épaves. Il y avait un mec complètement à la ramasse, il ne tenait pas debout mais ne voulait pas demeurer assis. Un autre délirait complètement. Il hurlait, je ne comprenais pas ce qu'il criait. Un peu plus loin, deux mecs ont commencé à se bagarrer et les « bleus » ont dû intervenir pour les séparer.

Dès mon arrivée à Nanterre, j'ai été sommé de me foutre à poil pour passer à la douche. Les plus cinglés ont été déshabillés de force et passés au canon à eau pour les calmer ou les dessaouler. Si les vêtements étaient trop crades, on nous filait des fringues propres.

Après, direction réfectoire, et lentilles et fayots... Ensuite un immense dortoir. Les lits superposés étaient alignés les uns à côté des autres. Impossible pour moi de fermer l'œil de la nuit. Des mecs rotaient tout fort, pétaient, d'autres déliraient ou ronflaient, produisant un bruit pareil à un tir de mitraillette.

À 5 heures, après un café couleur jus de chaussette avec du pain, je me suis retrouvé sur le trottoir.

Ce fut pour moi une véritable nuit de cauchemar. J'avais rencontré l'enfer et perdu toute dignité. Nous étions traités comme des animaux nuisibles. Je me suis promis de ne jamais revenir dans ce centre, de ne plus me faire choper par les « bleus ».

Rencontre avec la justice

Toute cette période terriblement galère, j'étais ailleurs, à la dérive. Je picolais grave, ballotté par des copains aussi « hors-sol » que moi. Un jour, je me suis laissé entraîner dans une embrouille qui s'est mal terminée.

Avec un pote, nous avions rencontré un mec, rue de Rennes, où nous avions fait plus ou moins la tape. Nous avons discuté un moment avec lui, il nous a proposé de monter chez lui boire un verre. Cela ne se refuse pas. Nous avons accepté, il habitait dans le coin.

Chez lui, nous n'avons pas bu, mais l'avons gentiment braqué et lui avons piqué sa radio et sa petite télévision. Nous avons exigé du fric. Il ne voulait pas nous en filer, nous avons haussé le ton, pour lui faire peur, sans le frapper. Il nous a alors lâché 500 francs. Nous nous sommes tirés et nous avons partagé le butin.

Le lendemain, dans l'après-midi, je traînais dans le quartier, j'ai vu débarquer des flics, accompagnés du mec et de son père. Il m'a tout de suite reconnu. J'étais seul.

Les flics m'ont fait monter dans leur véhicule, je n'ai pas pu discuter. Ils m'ont embarqué, destination le commissariat du Châtelet. Le mec avait déposé plainte.

Placé en garde à vue dans une cellule, j'ai attendu, surpris de tout ce qui se déroulait autour : le bruit des serrures que l'on déverrouille, des portes qui claquent, les allées et venues… À côté de ma cellule, un mec hurlait, faisait un pétard terrible. Pour le calmer, les flics l'ont arrosé. Interrogé, j'ai reconnu les faits qui m'étaient reprochés. J'ai été remis en cellule pour y passer la nuit. Puis libéré et convoqué au tribunal.

J'avais indiqué aux flics que j'étais suivi par une assistante sociale qui m'avait logé dans un hôtel, c'est là que j'ai reçu la convocation du tribunal.

Je prenais tout cela avec passivité. Je n'avais pas grand-chose à perdre. J'étais à la ramasse, une emmerde de plus, au point où j'en étais, cela ne m'apparaissait pas dramatique.

C'était en 1992, j'ai donc été convoqué à l'audience du tribunal, chambre 14 au palais de justice. J'y suis allé.

C'était un après-midi. Il y avait beaucoup de monde dans la salle. Je n'ai pas très bien compris tout ce qui se passait. J'ai attendu, ça défilait, des avocats, eux aussi en robe noire, plaidaient. Le président m'a appelé et demandé de venir devant lui. Je n'avais pas d'avocat. J'avais bien rencontré une avocate pour me défendre. Elle m'avait demandé 6 000 francs, comme je n'avais pas de quoi lui payer cette somme, elle n'est pas venue me défendre.

Le président m'a questionné : mon nom, ma date de naissance, si j'avais du travail, j'ai répondu que je n'avais pas de boulot. Il m'a demandé si je reconnaissais les faits qui m'étaient reprochés. J'ai dit oui. J'étais seul, mon complice n'ayant pas été retrouvé. C'était impressionnant.

Après avoir consulté ses deux collègues, le président m'a condamné à dix mois de prison avec sursis et cinq ans de mise à l'épreuve. Il m'a expliqué que je ne devais pas récidiver, sinon j'irais en prison pour dix mois plus le temps de la nouvelle condamnation. Que c'était un avertissement et que j'avais désormais intérêt à me tenir bien et à trouver du boulot.

Tout cela est allé très vite, pas plus de cinq minutes, et il est passé à une autre affaire.

C'est à ce moment-là que je suis retombé sur terre, j'ai eu peur d'aller en prison. Cela m'a servi de leçon. À l'époque, vraiment, j'étais dans le noir, je n'avais rien, je vivais dans la rue le jour, la nuit dans la rue, le métro ou les squats. Je me sentais mal dans ma peau. C'était galère.

Les bagarres de rue

Dans la rue, je suis constamment sur mes gardes, prêt à me défendre, à me protéger, à me bagarrer si besoin. Certains énergumènes ne cherchent qu'à provoquer, à se foutre sur la gueule. J'ai appris la rue et à être constamment aux aguets, affronter les autres.

Pas seulement les mecs qui veulent se « payer » un clodo, mais aussi certains SDF particulièrement violents ou tellement déglingués qu'un rien peut déboucher sur un affrontement pas seulement verbal. J'avais toujours sur moi un Opinel ou un grand bâton pour me défendre.

Quand ils arrivaient à plusieurs, et venaient vers moi, je savais qu'ils cherchaient la castagne. Je m'arrangeais pour taper sur celui qui avait la plus grande gueule, et alors les autres se cassaient comme des gonzesses. Leur agressivité n'était pas toujours gratuite. Souvent, ils voulaient me piquer mon fric, mes fringues ou même mes godasses.

Une fois, deux Polonais ont commencé à tourner autour de moi, ils cherchaient le contact. Le plus costaud s'est jeté sur moi pour me faire tomber, il m'a balancé un coup de pied. J'avais vu arriver le coup, je lui ai attrapé la jambe, il a lourdement chuté. Je l'ai frappé partout, le plus fort possible, l'autre, qui certainement voulait profiter de la bagarre pour me piquer mon sac, s'est taillé. Son copain costaud s'est relevé et a filé sans insister.

La nuit, avec ces déglingués, il faut taper et dur, sinon ils te marchent dessus et ne te respectent jamais. Si c'est le cas, t'es foutu, tu n'as plus qu'à te tailler ailleurs et vite fait.

Parfois, ils se battent entre eux et cela peut dégénérer. Alors, les flics, alertés, débarquent, ne font pas dans la dentelle et virent tout le monde.

Au début pour moi, aller aux toilettes, c'était souvent un problème. La nuit dans le parc, je me débrouillais, je me cachais dans un buisson et m'essuyais avec les feuilles. Dans les rames du métro, ce n'était pas facile, dans la rue, je me planquais entre deux voitures ou dans un coin sombre. Mais, quand il fait jour, c'est une tout autre histoire, et les premières fois c'est difficile. Mais j'ai fini par m'y faire. J'avais toujours avec moi une bouteille et un sac en plastique.

Pour me laver, je cherchais des douches gratuites. Je le répète, on ne peut pas imaginer combien se retrouver sous une douche chaude fait du bien ! Cela vous requinque le moral, vous fait retrouver un peu de dignité. Traîner sa crasse toute la journée, c'est désespérant. Ne pas pouvoir changer de vêtement de temps à autre, c'est également déprimant à la longue. Je cherchais alors une laverie pour les nettoyer.

La nuit, tu fais plus peur que le jour. J'avais droit à des réflexions désagréables, du type « dégage, sinon je t'envoie les flics... ». Ou « on n'a pas besoin de clodos en France ».

Je me sentais seul. Je ne savais plus quel jour, quelle heure il était. Je n'étais rien, n'avais plus aucune notion du temps.

J'ai fait la manche vers la station Laumière, puis sur une avenue du XIXe arrondissement. Je me nourrissais exclusivement de frites, de pizzas et de merguez. Je picolais pas mal de bières. À cette époque, pour manger, il m'est arrivé souvent de fouiller dans les poubelles. Celles aux abords des boulangeries ou des magasins d'alimentation étaient les plus intéressantes. Il m'est arrivé de trouver du pain, des gâteaux encore emballés ou même des fruits. Une fois, j'ai halluciné de tomber sur un billet de 50 francs. Je l'ai tout de suite dépensé en bière et victuailles.

Il m'est arrivé alors aussi de piquer dans les supermarchés, de barboter des gâteaux ou du jambon ou d'en bouffer sur place. Comme je n'avais pas les moyens d'acquérir des vêtements, j'ai volé des jeans, des polos ou des caleçons... Naturellement, je me suis fait choper. J'ai rendu ce que j'avais piqué. J'ai eu du pot. Cela ne s'est jamais terminé chez les flics, j'étais vidé du magasin et prié de ne plus revenir. J'en trouvais un autre où je n'étais pas repéré.

Quand j'étais loin des parcs, je dormais où je pouvais. Parfois sur un banc, dans un recoin sombre.

C'était à nouveau galère. Je n'ai jamais pu m'habituer à cette vie.

La nuit dans la rue, c'est la loi de la jungle, le jour la règle c'est chacun pour soi, chacun son trottoir, et même chacun sa rue. La nuit c'est pire.

Je voulais m'en sortir, quitter cet univers qui n'était pas le mien.

Une année, il faisait très froid, la mairie m'a alors distribué un bon pour aller dormir dans l'hôtel *ABC* du XVIIe arrondissement, près du métro Villiers.

La chambre était immonde, grouillait de cafards et de punaises, il n'y avait pas de chauffage, la porte ne fermait pas. Dans l'hôtel, régnait un bordel inimaginable, toute la nuit des gens hurlaient, couraient dans le couloir. Malgré le froid à l'extérieur, je n'avais qu'un désir : me casser de cet endroit.

Je ne sais pas combien la mairie payait la chambre, mais c'était honteux, et pourtant je ne suis pas très difficile. Il y a des mecs qui profitent de tout et n'ont pas honte.

6

JE TROUVE DU BOULOT

J'ai cherché du travail. Avec le peu d'argent que je gagnais en tapant la manche, j'achetais un journal pour les offres d'emploi. Ça a duré un certain temps.

J'ai fini par dénicher un bar où, tôt le matin, le taulier tolérait que je prenne un chocolat chaud, tout en lisant les petites annonces. Le patron me voyant avec le journal me disait : « Ça va payer, tu vas finir par trouver un boulot. » Parfois, il m'offrait un croissant. Surtout, il acceptait que je me brosse les dents, me peigne et me lave dans les toilettes vers 6 heures quand il ouvrait et avant que n'arrivent des clients.

Ce fut long, mais j'ai été embauché par un resto, rue des Canettes dans le VIe, comme serveur.

Ce fut difficile au départ. Je n'étais pas très habile, plutôt maladroit pour tout dire. J'ai cassé un bon nombre de verres et d'assiettes. Mais le patron a compris que je voulais vraiment bosser, que j'y mettais de la bonne volonté. Il m'a gardé et, progressivement, j'ai beaucoup moins cassé. Au bout de quelques semaines, il m'a dit être satisfait de mon travail et il m'a conservé comme serveur. J'étais heureux.

J'étais nourri et, avec les pourboires, je ne m'en tirais pas trop mal. J'ai pu me payer une petite chambre dans un hôtel. Enfin, je changeais de vie ! Je pouvais dormir dans un vrai lit. Je suis resté trois mois dans cet hôtel.

J'avais dit à mon patron que j'habitais en banlieue. Un jour, il m'a proposé de me louer une chambre qu'il possédait rue des Canettes où je travaillais. Elle se trouvait au sixième étage sans ascenseur. J'ai accepté, avec ce que je gagnais, je pouvais me le permettre. C'était super. J'allais pouvoir me laver tous les jours. Je devais être propre pour servir les clients. Je m'astiquais le mieux possible, me rasait et coiffait avec soin.

Je me suis fait des copains dans le quartier. Quand on ne bossait pas, on allait boire un coup au Drugstore de la rue de Rennes. On se retrouvait souvent dans une discothèque près du métro Mabillon. Il y avait aussi rue du Dragon ou à Saint-Michel des bars sympas.

Au restaurant, on recevait des artistes, notamment un chanteur du groupe INXS, Michael Hutchence, il habitait rue des Canettes, il venait régulièrement, il parlait français.

Un jour, je fermais le restaurant, il devait être 15 heures. Je le vois assis devant son immeuble, cela n'avait pas l'air d'aller. Je lui demande s'il avait besoin d'aide. Il me répond qu'il s'est engueulé avec sa copine qui était un super mannequin. Je lui ai proposé de monter chez moi. Il est venu, a appelé sa copine et cela s'est arrangé entre eux. On est devenus copains, il m'offrait de temps à autre une bière. Il me demandait souvent si tout allait comme je le voulais. Il parlait bien français, me racontait ce qu'il faisait. C'était super.

Un jour, j'étais de repos, je me promenais à Saint-Germain-des-Prés, j'ai dragué une nana. Rapidement, on a vécu ensemble. On a déménagé pour aller vivre rue Eugène-Carrière dans le XVIIIe. Nous avons eu un enfant – Jimmy.

Mais, au bout de cinq ans, ça n'a plus collé entre nous. Alors j'ai pris mes fringues et l'ai quittée du jour au lendemain. Je n'en pouvais plus. Avant de partir, j'ai prévenu l'assistante sociale de la mairie que Jimmy n'était pas bien traité par la fille et que je n'avais plus ni logement ni argent. Il a été placé dans un centre, puis dans une famille d'accueil près de Sens.

Je n'ai plus aucune nouvelle de lui, je pense qu'il m'en veut de l'avoir abandonné, de ne m'être pas occupé de lui.

Et me voila à nouveau SDF, sans travail. J'avais quitté l'emploi de serveur au restaurant rue des Canettes. J'étais très peu payé, faisais de très longues journées et finissais tard le soir. Je n'avais pratiquement pas de jours de repos, pas de congés payés. Je n'étais pas déclaré. J'ai eu le sentiment d'être exploité.

7

À NOUVEAU DANS LA RUE
À TAPER LA MANCHE

Je m'étais déshabitué de la nuit dans la rue, et j'y étais à nouveau. Je dormais mal, j'avais peur que l'on me pique mes affaires, qu'on me cherche la bagarre, je sursautais à chaque bruit.

Le soir, je m'installais où je pouvais, à l'abri si possible du vent et de la pluie, sur des cartons pour éviter l'humidité. Je n'avais qu'un sac à dos que je trimballais avec moi.

Ce fut une des périodes les plus difficiles pour moi. J'avais l'impression d'être retombé dans un trou noir, que je ne m'en sortirais jamais, peut-être même n'avais-je pas le désir de m'en sortir.

Il me fallait quand même me procurer un peu d'argent pour manger. Je ne voulais plus dormir dehors, cela m'était trop pénible. Je n'avais pas la force d'affronter la nuit, seul sur le trottoir.

J'ai donc recommencé à taper la manche. Je me suis installé devant un boulanger avenue Gambetta, à Belleville ou avenue des Pyrénées à côté d'un marchand de chaussures. Piétinant aux abords du magasin, j'observais les clients qui y entraient et espéraient qu'ils me fileraient une pièce en sortant. Mais c'était bien difficile, voire décevant, la recette très maigre. Je ne pouvais me payer guère plus qu'une pizza avec ce que je récoltais.

Un soir, j'étais tellement physiquement épuisé, moralement vidé, je n'en pouvais plus, j'étais complètement cassé, au point d'envisager de faire une connerie pour aller dans l'au-delà pour voir si je m'en tirerais mieux. Mais j'ai réussi à me payer une chambre dans un hôtel. Elle était crado, sentait le moisi, la couverture était maculée de taches. Il y avait des cafards qui se baladaient par terre et le long des plinthes, mais j'étais heureux d'avoir un toit, de dormir enfin sur ce qui semblait être un lit qui, de toute façon, était plus confortable que le trottoir ou l'escalier. Et puis je ne sursautais plus au moindre bruit, n'attendais plus avec anxiété l'arrivée des flics. Je ne serrais plus contre moi mon sac pour éviter qu'on ne me le vole pendant mon sommeil. Il contenait le reste de mes seules économies, 1 000 francs que j'avais gagnés quand je bossais.

J'ai cherché un hôtel qui pourrait m'accepter plus durablement. Cela a été bien difficile vu mon état physique et celui de mes vêtements. J'ai finalement déniché un petit hôtel dans le XVIIIe, la chambre, je m'en souviens, était à 100 francs. C'était énorme pour moi, mais c'était le seul qui acceptait de m'héberger – et encore, j'ai dû payer plusieurs jours d'avance.

Le patron ne faisait pas de crédit, et je devais le régler tous les trois jours. Pour nettoyer mon linge, la laverie, la douche me coûtaient environ 30 francs, j'avais aussi acheté une télé d'occasion à crédit que je payais 100 francs par mois. C'était une folie, mais je n'ai pas résisté. J'avais besoin de compagnie.

Je devais aussi m'acheter des frites, des merguez ou des pizzas, vu que c'était interdit de faire la cuisine dans la chambre. La manche ne me rapportait pas grand-chose, peut-être quotidiennement 10 ou 15 francs. Mes économies ont donc vite fondu.

Au bout d'un certain temps, j'ai demandé au patron de l'hôtel de me faire une quittance de loyer pour toucher le RMI et les APL. Il a accepté, et je suis allé aux services sociaux de la mairie, pour solliciter un secours d'urgence. Un type m'avait dit que l'on pouvait obtenir ainsi une aide provisoire.

Finalement, je suis arrivé à percevoir 3 500 francs. Une aubaine inespérée qui m'a redonné un peu le moral. Je me suis alors entendu avec le patron. Il a pris une avance et m'a donné la clef d'entrée de l'hôtel, je pouvais revenir tard, mais pas après 2 heures du matin. Après, je devais coucher dehors. Cela m'est arrivé plusieurs fois.

Ma solitude me pesait, je ne connaissais personne.

8

MES RENCONTRES

Johnny et Charly

Johnny vivait comme moi dans les rues. Il était belge. Il se faisait appeler ainsi parce qu'il aimait Johnny Hallyday, se coiffait comme lui. C'était son idole. Il y avait aussi Charly, le Martiniquais. Il était tout le temps bourré, c'était le spécialiste de la bouteille de rhum. Je les ai rencontrés et, dès lors, ce fut une période plus heureuse.

Ils sont devenus mes copains. Ils étaient SDF, on s'est vite bien entendus.

On tapait tout les trois la manche vers Gambetta. Johnny et Charly étaient toujours assis à côté du magasin Picard en attendant le pèlerin, moi, j'étais généralement sur le trottoir d'en face. Ainsi on ratissait large.

On avait trouvé un endroit bien placé, car ce magasin attirait du monde, et pas forcément des fauchés. Les pèlerins n'étaient parfois pas trop regardants sur ce qu'ils nous filaient comme pièces.

Les Polaks veulent nous déloger

Il a fallu qu'on montre les dents pour le conserver ce territoire. Une bande de Polonais a voulu plusieurs fois nous déloger ou se taper avec nous. Nous ne nous sommes jamais laissés faire. Johnny était un bon bagarreur et costaud, il n'acceptait pas qu'on lui casse les couilles. Même s'il avait un certain âge…

Avec les Polaks, quand ils se pointent et te cherchent des noises, il faut tout de suite réagir, sinon vite fait ils vont te virer, t'éjecter sans merci, et tu ne pourras plus venir. Il n'y a pas de sentiments à avoir vis-à-vis d'eux. Johnny, qui était le plus ancien d'entre nous, avait l'expérience, et quand ça chauffait, il ne fallait pas la lui faire à l'envers, il tapait. Et ça pouvait faire très mal. Il faut dire qu'il avait toujours vécu dans la rue, où il avait appris à se battre pour survivre. Personne mieux que lui ne sait se servir aussi bien de ses poings ou gueuler pour dissuader. Surtout, face à la menace, il était le spécialiste de la réaction rapide.

Plusieurs fois, ça a été très chaud, et les flics sont arrivés. Ils connaissaient les Polaks et les ont virés, vu que quand ils n'étaient pas là, ça se passait gentiment, nous étions aimables avec les clients du magasin.

On était une bonne bande, on se partageait tout. Et quand c'était l'anniversaire de l'un d'entre nous, il n'avait pas le droit de taper la manche et de taquiner le pèlerin, on le prenait en charge. On lui achetait à bouffer, on lui filait de quoi se payer une pute, des cigarettes et, si on pouvait, une chambre dans un petit hôtel du quartier. C'était sympa, on était heureux, des vrais copains.

Pendant la semaine de Noël ou du Nouvel An, c'était du bonheur d'être ensemble. Les gens étaient généreux, super gentils, on mangeait et on buvait comme des rois. On se trouvait une bonne bouteille de pinard, on est arrivés à se taper du foie gras et même du saumon. C'était génial. Les gens nous apportaient des cadeaux, des gâteaux…

On nous appelait « les Anciens ». On s'engueulait de temps en temps ; il n'empêche, on restait potes. Il y avait aussi Pat qui se joignait à nous. Mais notre petite bande s'est vite défaite.

Pat était arrivé à s'en sortir un peu grâce à une fille, qu'il avait connue je ne sais pas où. Il a vécu avec elle six mois. Un jour, il est mort d'une crise cardiaque, il avait trente-six ans. Peu après, c'est Johnny qui est décédé durant une nuit d'hiver où il faisait très froid, il dormait dehors, près du magasin Picard. Il avait la cinquantaine. Son corps a été retrouvé sans vie et ramassé par les pompiers. Je ne sais pas ce que l'on en a fait. Tout s'est terminé ainsi.

Ce fut très dur, Charly a commencé à boire de plus en plus. Ces décès lui avaient donné un coup au moral. Dans ce monde de violence qu'est celui de la rue, nous étions heureux ensemble, nous formions une bonne bande de copains, contents de nous retrouver, d'être solidaires.

Ce fut pour moi aussi à nouveau une période difficile. Je n'avais envie de rien. Je pensais sans arrêt à Johnny.

Le pauvre, mourir de froid, c'est terrible. Tout m'emmerdait. Heureusement, j'avais encore Charly. Mais, un jour, Charly lui aussi a disparu sans prévenir. Je ne sais pas où il s'en est allé, ce qui s'est passé. Est-il parti ailleurs ? Est-il mort ? C'est un mystère pour moi.

De nouveau seul, je ne pouvais plus demeurer là où j'avais tapé avec mes potes, où j'avais été heureux avec eux. J'ai changé d'endroit et je suis parti plus haut, rue des Pyrénées ou à Belleville, juste à côté d'un magasin d'alimentation.

Ça n'a pas été facile au début. Il y avait un mec qui vendait un journal de rue. Il était jaloux de moi quand on me donnait une pièce. Un jour, je l'ai vu discuter avec des policiers qui sont ensuite venus me voir et m'ont demandé de partir autre part. Mais je n'ai pas bougé. Le lendemain, ils sont revenus et m'ont alors donné l'ordre de dégager. Comme je n'agressais personne, faisant gentiment la manche, je n'ai pas voulu. J'ai ouvert mon blouson et j'ai dit, c'était une femme flic, « tuez-moi ». Finalement, elle m'a laissé tranquille et s'en est allée.

C'est à cette époque que j'ai fait la connaissance de Nicolas. Un petit jeune de dix-neuf ans, sympa. Il est parti avec une copine en Provence, je crois. J'ai fait également la connaissance de Pacco, avec lui aussi je m'entendais bien. Il n'était pas très bon dans la rue, mais il n'y en avait pas deux comme lui pour faire la tape dans le métro.

Le Mytho

Gilles, que les gars de la rue surnomment « le Mytho », s'installe toujours au même endroit, a côté de la banque Société Générale, avenue Montaigne.

Il raconte n'importe quoi. Il dit trouver régulièrement par terre des liasses de billets. Il m'a raconté qu'une dame lui avait filé 3 000 euros. Un autre jour, il m'a affirmé qu'un monsieur lui avait remis un livre et que, accroché à chaque page, il y avait un billet. Une autre fois, une Mercedes se serait arrêtée à sa hauteur et un « garde du corps » lui aurait proposé un marché : « Tu baises tout de suite la gonzesse qui se trouve dans la voiture et tu as cette mallette bourrée de billets et de diamants. » Il n'aurait pas voulu parce que c'était un travelo.

Je ne sais pas où il va dénicher ces conneries. Personne ne le croit mais il continue à délirer. Il ne se rend même plus compte que tout le monde rigole de ses histoires.

Depuis que je le connais, il hallucine de plus en plus. Parle tout seul. Il est de plus en plus déglingué. Pourtant, il ne boit pas particulièrement. Il n'est pas comme certains qui toute la journée sucent une bouteille de rouge. Il est dingue, le papier est resté collé au bonbon et, manifestement, il ne se décolle pas.

Barbara

J'ai connu Barbara, devant un magasin de chaussures, avenue des Pyrénées, dans le XIXe arrondissement. Cela a tout de suite collé entre nous. Une fille super, elle avait un enfant, travaillait dans un magasin de cosmétique, près de la station de métro Brochant.

J'ai changé de quartier pour voir si cela payait mieux ailleurs, parce que dans celui des Pyrénées, c'était galère. Il était important pour moi de rapporter plus. J'avais beau faire beaucoup d'heures, le résultat était toujours très décevant. J'ai immigré dans le VIIIe. Je pensais qu'il y avait plus de gens friqués qu'ailleurs et surtout plus généreux.

Barbara et Kévin, son fils, sont venus s'installer avec moi. Nous avons changé d'hôtel mais nous sommes restés dans le XIXe. Finalement, nous avons pu obtenir un logement social, car elle était enceinte d'une petite fille de moi et elle avait déposé une demande auprès de la mairie.

Pendant que Barbara bossait, je faisais la manche, ça marchait pas trop mal. J'arrivais à survivre. Il y avait des rencontres heureuses qui me redonnaient un peu de moral, comme celle avec le chanteur Hervé Vilard, sympa et souvent généreux.

J'ai beaucoup bougé, changé de rue pour découvrir mon paradis où je pourrais gagner plus encore. C'est comme cela que j'ai essayé le XVIe arrondissement.

Patrick

C'est alors, je m'en souviens très bien, rue Galilée, près des Champs-Élysées, que j'ai rencontré Patrick.

Il dormait enveloppé dans des cartons qui avaient la forme d'un cercueil. Il émergeait vers 13 heures. Il était très solitaire, ne parlait pratiquement pas, seulement grognait un « bonjour » quand il me voyait.

J'étais, moi aussi, assez méfiant.

Progressivement, à force de passer près de lui, d'échanger quelques paroles, on a fini par devenir copains. Il faisait la manche comme moi, était seul comme moi, malgré Barbara.

9

LE DRUGSTORE DES CHAMPS-ÉLYSÉES

Un jour, Patrick m'a proposé de travailler avec lui devant le Drugstore des Champs-Élysées. Il m'a dit que c'était un endroit super où les pèlerins étaient sympas et généreux.

Pour montrer qu'on était devenus copains, nous sommes allés boire un coup dans un bar, il s'est tapé un rhum et moi un café. Il buvait beaucoup de rhum.

Même au Drugstore, du moins au début, cela n'a pas toujours été facile.

Là aussi, il a fallu que l'on s'installe et préserve notre territoire convoité par d'autres. Je me souviens, quand des mecs venant de l'Europe de l'Est sont arrivés devant le Drugstore. Ils faisaient semblant de boiter ou de trembler. L'un avait même une béquille, et ils allaient au-devant des gens avec des gobelets en carton pour réclamer des pièces.

Ils nous ont demandé de dégager de cet endroit, et comme je ne bougeais pas, l'un d'entre eux, celui avec la fausse béquille, probablement le chef, m'a insulté et de la main m'a donné l'ordre de partir. J'ai gueulé hyper fort et dit que je ne partirais pas. Il m'a alors menacé avec sa canne. Il a failli blesser une jeune enfant qui entrait au Drugstore, tellement il était excité.

Énervé, j'ai plaqué ce connard contre la vitrine. Il ne s'y attendait pas et je lui ai dit de dégager de mon secteur, sinon je lui « mettais sa béquille dans le trou du cul pour la lui faire sortir par la bouche ».

Deux CRS, qui étaient dans leur car de surveillance des Champs-Élysées à cause du match PSG-OM, sont arrivés. À ce moment-là, le mec s'est laissé tomber à terre pour faire croire que je l'avais frappé. Mais les flics avaient observé la scène depuis leur véhicule et avaient bien vu que c'était lui qui avait failli blesser la petite fille et que je ne l'avais pas tapé. Il jouait la comédie mais cela n'a pas pris. Ils ont dit aux mecs de partir et de ne plus revenir sinon il les embarquait tous au poste. Ils n'y avaient pas intérêts. Les mecs ne se l'ont pas fait dire deux fois, et ils ont filé rapidement sans faire semblant de boiter ou de traîner la patte.

Les CRS m'ont offert un repas chaud dans leur car.

Protéger son territoire

Il est indispensable de constamment surveiller son territoire comme un loup, d'être en permanence vigilant. Souvent se pointent des mecs qui veulent vous virer, surtout les jeunes, qui ne respectent pas les anciens. Alors, quand j'en voyais un qui tournait autour de l'entrée du Drugstore, Patrick ou moi, nous allions tout de suite au contact, lui montrer nos dents, grogner et faire en sorte qu'ils se cassent ailleurs.

Mais malgré cela, certains insistaient. Alors là, sans faiblir, je leur disais que, pour me virer, ils devraient me passer dessus, me tuer. Je n'avais pas l'intention de déguerpir ou de partager. Je ne me suis jamais laissé marcher sur les pieds.

La rue, c'est comme la jungle, pas d'avenir pour les faibles, les frileux ou les peureux. Si tu ne résistes pas et ne montres pas que tu es prêt à cogner, les nouveaux n'hésitent pas à te tabasser et à te piquer ta cagnotte. Il est alors trop tard pour geindre.

Il faut aussi faire gaffe à ceux qui proposent de devenir ton protecteur, de te défendre contre les autres. Si tu acceptes, tu finis esclave, ils t'exploitent, sucent ton fric. Ils exigent de plus en plus pour assurer ta sécurité, et t'as vite fait de te faire dépouiller de tout, puis de te faire éjecter si tu ne leur rapportes pas assez. Ils sont sans pitié.

Tu gagnes, tu restes, sinon tu te casses, et si tu ne comprends pas, on te fait chier jusqu'à ce que tu capitules. La nouvelle génération de tapeurs ne respecte pas grand-chose et de moins en moins les anciens, surtout si tu travailles dans un endroit juteux.

Surveiller les voitures

Au Drugstore, j'ai alors eu l'idée de prévenir les clients qui avaient garé leur voiture sur la piste cyclable, rue de Presbourg, quand les contractuelles se pointaient pour leur coller une prune. Lorsque je les voyais approcher, j'entrais vite dans le Drugstore pour les avertir. Ils sortaient rapidement.

C'était une super idée, les gens étaient contents et donc généreux avec moi. Il m'est même arrivé de garder leur chien, ou leur vélo ou même de leur trouver un taxi.

La majorité des clients nous payaient bien, Patrick et moi. Parfois, ils nous achetaient de quoi manger.

J'ai fini par être connu des habitués du Drugstore. Nous avions un accord avec Patrick, il faisait la tape, je gardais les voitures et nous partagions les recettes. Et puis, je restais sur place jusqu'à minuit, et Patrick jusqu'à la fermeture à 2 heures.

On nous prenait parfois pour des vigiles. Nous avons fait croire à Augustin, le veilleur de nuit, que nous étions des flics des Renseignements généraux avec mission de surveiller l'entrée du Drugstore. Si nous étions ainsi habillés, c'était pour mieux espionner. Comme il nous voyait de temps à autre bavarder avec les flics qui faisaient leur ronde, il nous croyait. Cela nous a fait bien marrer.

Un jour, mon vieux copain Pacco est venu nous rejoindre et nous avons travaillé à trois. J'étais un peu le patron de l'équipe. Nous nous entendions bien et n'avions que rarement des différends entre nous. C'est vrai, on s'engueulait de temps à autre. Ce n'était jamais bien méchant et on se réconciliait rapidement.

Une princesse généreuse

Un soir, une Renault Vel Satis s'arrête juste à côté de moi, le chauffeur descend et va ouvrir la porte de derrière à une dame « classe » et d'un certain âge.

« Bonjour, madame, auriez-vous une petite pièce, s'il vous plaît ? »

Elle me fait un sourire, me répond « à mon retour ». Et elle entre dans le Drugstore.

Le chauffeur me dit : « T'inquiète pas, elle est très généreuse ».

Je lui demande : « Qui est-ce ? »

Il me répond : « C'est la princesse, la sœur de Hassan II, le roi du Maroc. »

J'attends avec impatience.

À sa sortie, je lui ouvre la portière de sa voiture, elle me donne un billet de 100 euros. Elle me dit aussi qu'elle reviendra.

J'appelle Pacco et Patrick et leur montre le billet de 100 euros. Nous n'en avions jamais vu auparavant. J'étais tout fier, eux un peu jaloux de moi.

« Qui t'a filé ça ? me demandent-ils.

– Une princesse, la sœur du roi du Maroc ! »

Ce fut un moment extra. Ils n'en croyaient pas leurs yeux. Plusieurs fois au cours de la soirée, j'ai regardé le billet. Pendant quelques jours, je n'ai pas décollé du Drugstore. J'ai bien fait, car, durant une semaine, elle est passée quotidiennement vers 17 h 30, à chaque fois en repartant, elle me donnait mon billet de 100 euros.

Et aujourd'hui, je peux le dire, un billet de 100, on est content si on en fait un ou deux par an. Ça n'arrive pas tous les jours.

Pendant toute cette période fantastique, Patrick avait déniché un restaurant asiatique, rue Galilée, qui lui refilait pour 2 euros de la soupe super bonne, aux vermicelles et aux raviolis. Nous la mangions tout en faisant la manche. Nous avons aussi découvert un self, avenue de Wagram, ou nous pouvions prendre un repas pour seulement 7 euros.

Le seul problème à cette époque venait de Patrick. Il buvait beaucoup trop. Deux bouteilles de rhum ou de whisky. Dès qu'il avait du fric, il en achetait. Parfois, il était tellement bourré qu'il tombait raide par terre. Les pompiers l'ont sauvé à plusieurs reprises tout comme Pascale, une vendeuse du Drugstore, qui avait un brevet de secouriste. Il ne voulait pas aller à l'hôpital. Il nous disait que s'il devait mourir, c'était dans la rue.

Souvent il était si mal qu'il nous parlait de lui, de sa fille. Il nous a dit qu'il avait bossé dans la maroquinerie de luxe Louis Vuitton. Il fabriquait des mules. Il gagnait alors correctement sa vie. Il nous a même dit avoir eu une Porsche Targa.

Il m'a raconté qu'un jour il avait tout plaqué pour une Brésilienne dont il était tombé dingue amoureux. Il est parti avec elle au Portugal. Mais rapidement il a dépensé toutes ses économies et a été plaqué par la fille. Il est revenu en France complètement fauché. Et la galère a commencé. Plus de fric, plus de job. Je pense qu'il s'est mis à picoler à ce moment-là.

Patrick était quand même un type sympa que Pacco et moi on aimait bien. On était une bande de copains, on passait du bon temps ensemble et on faisait un pot commun. Si l'un d'entre nous était malade ou fatigué, il avait quand même sa part.

Le personnel du Drugstore

Le personnel du Drugstore est sympa avec nous, lorsque nous avons trop de pièces, ils nous les échangent contre des billets. Mitsou, de l'épicerie, Alexandre ou Philippe qui s'occupent de la cave à cigares, les serveurs du restaurant gastronomique, Pierre, les employés de la pharmacie et les autres sont cool avec moi et mes copains.

Le patron de la pharmacie me donne des conseils pour ma santé. Monsieur Fontaine, le directeur du restaurant, côté avenue des Champs-Élysées, a embauché mon fils, Kévin, et m'engueule quand je ne suis pas bien rasé. Il m'a expliqué qu'il ne fallait jamais se laisser aller.

Les vigiles, Laurent, Ibrahim, Augustin, Saber et Baba, quand je n'ai rien, quand il fait froid, ils me filent 2 euros pour que je prenne un café.

Le grand patron du Drugstore, M. Terzian, est d'apparence froide, je n'ose pas trop lui parler, je suis timide devant lui, mais il est sympa, me dit toujours bonjour. Un jour, il m'a proposé de lui servir de chauffeur, mais je n'ai pas de permis de conduire. Il voulait que je fasse autre chose que la manche. Il avait probablement raison, mais j'ai toujours été habitué à me débrouiller seul.

La manche, c'est finalement mon métier. Je me débrouille assez bien. J'ai appris progressivement à aborder le pèlerin et surtout à le repérer. Je suis devenu un pro de la tape.

Finalement, n'est-ce pas un métier comme un autre ? C'est vrai qu'il est parfois plus galère que certains boulots. Mais on voit du monde, on a des copains, on peut y faire des rencontres sympas, on n'est pas prisonnier d'un bureau et on est libre de ses horaires.

Je n'aime pas les contraintes et de ne pas être mon propre patron. De toute façon, je ne sais rien faire d'autre.

L'anniversaire de Jamel

Jamel me rejoignait souvent devant le Drugstore. Sa présence me convenait, sauf quand il était trop bourré. C'était cela son problème, il se soûlait trop souvent et alors il devenait agressif, les gens prenaient peur. Ce n'était pas bon pour la manche. Il n'y a que moi qui arrivais à le calmer. Il me craignait. Quand il était trop ivre, je le virais.

Le lendemain, quand il était sobre et calmé, je l'engueulais : « C'est quoi ce bordel que tu as foutu hier ? Tu as cassé les couilles de tout le monde, tu nous fais perdre notre gagne-pain ! Les gens du Drugstore ne sont pas contents… »

Mis à part cela, ce n'était pas un mauvais mec, mais il était seul, dormait dans la rue. Le jour de son anniversaire, je lui ai acheté un paquet de cigarettes. Il était content, je l'ai invité à boire un verre au *Deauville*, on a bu une bonne dizaine de bières chacun, c'est moi qui ai régalé vu que c'était son anniversaire. En sortant, on était un peu bourrés. On est allés ensuite dans une discothèque rue des Canettes, dans un bar que je connaissais, on a continué à boire. Les copains du bar lui ont souhaité un bon anniversaire. Une fille est montée sur le bar et s'est trémoussée devant lui, il était content. C'était une strip-teaseuse de Pigalle que j'avais connue, elle lui a montré ses seins. Il n'oubliera jamais cette soirée et il m'en parle chaque fois qu'on se voit.

Le Serbe

On le surnomme « le Serbe ». Il traînait dans le quartier et disait ne pas arriver à sortir de la galère. Je l'ai aidé, lui ai filé de la monnaie pour qu'il mange. Il me disait qu'il était dans la dèche totale. Mais c'est un salopard, il n'a pas été réglo avec moi et a essayé de me doubler en me piquant mes clients, ceux dont je gardais la voiture pendant qu'ils faisaient leurs courses… J'ai fini par le jeter. Lui qui disait ne rien posséder avait au poignet une montre Cartier. S'il était dans la merde, il n'avait qu'à la vendre, sa Cartier !

Maintenant que je l'ai viré, je sais qu'il attend que je parte ou que je ne sois pas là pour prendre ma place, me faire de la concurrence et surtout dire des conneries sur moi.

Un habitué avec une Ferrari noire qui vient souvent au Drugstore le soir, probablement au bureau de tabac, et qui me donne toujours une bonne monnaie parce que j'ai surveillé sa voiture, m'a dit une fois : « La personne qui vous remplace m'a indiqué que vous étiez riche, que vous n'aviez besoin de rien et qu'il fallait je lui donne à lui ». C'est dégueulasse de dire cela alors que j'étais dans la galère.

Alors j'ai décidé de choper le Serbe. Au bout de quelques jours, je suis tombé sur lui et, avant qu'il ait pu moufter, je lui ai décoché une claque dans la gueule en lui disant que je n'aimais pas les connards, et que s'il continuait, je la lui défoncerais durement. Je ne l'ai jamais revu. Pauvre mec. Ce genre de type qui, devant vous, fait des courbettes et derrière vous dézingue… je ne peux pas saquer.

Une grosse merde qui traîne sur le trottoir

La rue, c'est dur. Il faut aussi subir les passants, affronter les injures, les insultes, les regards méprisants. On est souvent considéré comme des moins-que-rien, comme des « grosses merdes qui traînent sur les trottoirs », comme m'a dit un jour un monsieur.

On vous regarde avec mépris, on vous insulte. « T'as qu'à travailler comme tout le monde ! » « T'es trop bien habillé, tu as dû voler des habits... » « J'ai de l'argent mais pas pour les fainéants. » « Retourne dans ton pays au lieu de nous emmerder ici », comme j'ai entendu à plusieurs reprises. On m'a même traité de « sale étranger ». Mais je suis français, je suis né en France.

Je me souviens, c'était avenue Montaigne, j'étais tranquille, je buvais un café et fumais une cigarette, j'étais assis près d'un magasin de luxe, avec devant moi une gamelle avec quelques pièces pour que les passants voient que je faisais la manche.

À une dame qui passait devant, j'ai demandé gentiment une pièce pour manger, elle m'a regardé et a rétorqué : « Tu salis le trottoir, j'habite ici et n'aime pas les pauvres. » Moi, je lui ai alors répondu : « Vous êtes une snob et à l'abri de rien, vous ne savez pas ce qui peut vous arriver demain. » Elle n'a rien ajouté et elle est partie en haussant les épaules.

Très souvent, quand je m'approche de certaines personnes, elles sortent leur portable pour faire croire qu'elles sont occupées, et dès qu'elles m'ont dépassé elles le remettent dans leur poche. Elles évitent ainsi de me donner une pièce. Je connais parfaitement ce manège. C'est un coup classique.

Il arrive aussi que d'autres changent de trottoir quand elles me voient. Certaines se mettent à tousser ou pour m'éviter marchent plus vite ou font semblant de chercher quelqu'un au loin ou de lire la première page du journal. Il y en a qui tirent des tronches de six pieds de long… Et elles croient que je ne remarque pas leur comédie.

Il m'est arrivé aussi que la directrice d'un magasin, c'est fréquent avenue Montaigne, sorte accompagnée du vigile et me demande fermement d'aller faire la manche plus loin. Un jour, j'ai répondu que le trottoir appartenait à tout le monde.

Tous les vigiles ne sont pas aussi sympathiques que ceux du Drugstore et certains nous crient dessus jusqu'à ce que l'on se pousse. Et les gardes du corps de personnalités nous regardent parfois durement, comme si nous allions agresser leurs protégés.

Une autre fois, un acteur, Alain Delon, m'a lancé : « Je sais ce que tu veux, tu n'auras rien, pas la peine de perdre ton temps ». Quel pauvre type, ce mec !

C'est dur d'affronter les cons, les radins et les snobs. C'est difficile parfois de demeurer poli face à certains comportements haineux. Heureusement, il y a aussi des gens généreux et compréhensifs.

Le Drugstore des Champs-Élysées

C'est aussi pénible de taper la manche quand il pleut, car, comme on dit, « parapluies ouverts, porte-monnaie fermés ». Il ne reste plus alors qu'à se réfugier dans un café et à s'envoyer un p'tit noir.

10

L'ESPOIR REVIENT

Rencontre avec Robert Hossein

C'était en 2005, rue Galilée, j'étais avec Pacco qui dormait encore, il était aux environs de 10 heures, en face de la boulangerie, un monsieur s'est approché de nous pour nous dire : « Alors, les gars, vous voulez 20 balles ? » Et il nous donna plusieurs billets. Il a parlé avec nous, nous a interrogés, nous lui avons expliqué que c'était galère pour nous. Il s'est présenté comme étant Robert Hossein. Il préparait un grand spectacle – *Ben Hur* – au Stade de France et il nous embaucherait comme figurants, si on le voulait.

Comme j'avais un portable, je lui ai donné mon numéro. Avant de partir, il nous a redonné un billet et nous a dit : « Surtout, ne coupez pas vos cheveux, laissez-les pousser pour le spectacle. Je n'habite pas loin et je repasserai vous voir et vous aider ! » Quel bonheur de connaître Robert Hossein ! Il et revenu comme il nous l'avait promis et nous a refilé quelques billets. Il discutait avec nous. Tant au Drugstore qu'avenue Montaigne, j'en ai croisé des gens riches ou importants, qui descendaient de belles bagnoles, sapés comme des princes avec de superbes pompes astiquées, qui ressortaient de magasins de luxe avec d'énormes paquets. J'en ai vu des chanteurs célèbres ou des comédiens connus, et pourtant ils faisaient comme s'ils ne me voyaient pas pour ne pas nous donner une petite pièce. À leur enterrement, leur coffre-fort bourré à craquer suivra le corbillard. Une petite pièce ne les aurait pas ruinés. Plus ils ont de fric, plus ils sont radins.

J'aurais aimé avoir un père comme Robert Hossein. Je serais peut-être devenu archéologue, j'ai toujours été passionné par les dinosaures, les Mayas, les Aztèques, les pyramides d'Égypte. Hélas, ça n'a pas été le cas. À la place, j'ai eu droit à une mère absente, un père alcoolique et une nourrice sadique.

Parfois, dans ma tête, je me demande : « Pourquoi je suis né ? » Je ne fais rien d'intéressant. Je n'existe pas. Il m'est arrivé de vouloir me suicider. Mais j'ai des enfants. Et puis je ne sais pas… Parfois, j'en ai marre de la rue, de cette vie trop dure, trop souvent. De la galère. Mais il arrive qu'on vous tende la main, qu'on ne vous prenne pas pour un chien, qu'on vous considère normalement.

Un matin, devant la boulangerie de la rue Galilée, j'étais avec Pacco, quand mon téléphone a sonné, c'était l'assistante de Robert Hossein. On avait rendez-vous,

Pacco et moi, pour signer un contrat de travail pour le spectacle *Ben Hur*. C'était, je crois, en 2006. J'annonce la bonne nouvelle à Pacco, mais il refuse de m'accompagner. Il me dit qu'il a des dettes et que s'il y va on le retrouvera et on lui tombera dessus. Je suis donc allé à ce rendez-vous tout seul. J'étais quand même très heureux. La chance me souriait enfin. J'ai signé le contrat. J'allais jouer devant des milliers de spectateurs. J'étais certain d'avoir été protégé par Dieu. Un pauvre mec de la rue, devenir acteur. C'était un miracle

Les répétitions ont duré deux mois environ. Je faisais quatre personnages, dont celui d'esclave de Ben Hur. Mon compagnon de rôle était un âne du nom de Mistral. Un bon comédien. Il savait quand nous devions entrer en scène. Chaque jour je lui achetais des carottes et il aimait cela.

J'ai, pendant les répétitions, passé beaucoup de temps à regarder les chevaux quand ils étaient à l'écurie. On mangeait au Stade de France, on payait 5 euros, c'était super bon. Mais c'était Robert Hossein qui payait mes repas, il savait que je n'avais pas d'argent, ne faisant plus ou presque plus la manche.

J'ai rencontré des types formidables : Pierre Hossein, le fils de Robert qui jouait dans le spectacle, un grand comédien, mais aussi Steven, un ancien chanteur. Et Marie-Victoire Debré. Je connaissais son père, Jean-Louis Debré, il venait à bicyclette au Drugstore le soir.

J'ai aussi rencontré Nicolas qui est resté un bon ami.

Robert Hossein était très pointilleux, il avait des yeux partout, voyait tout et même la petite erreur de placement des comédiens. Il voulait, nous disait-il, la perfection. Il gérait tous les comédiens à la fois. Chapeau !

Lors de la première représentation, j'avais le trac. Le stade était bourré de spectateurs. J'étais impressionné. Je voulais que Robert Hossein soit content de moi. Ce fut génial. J'étais heureux pendant toute cette période. Je n'oublierai jamais ces moments fantastiques. Je n'étais plus un pauvre con paumé qui tape la manche dans la rue, mais un comédien qui jouait devant des milliers et des milliers de spectateurs. J'avais l'impression de vivre un rêve extraordinaire.

Quand le spectacle s'est arrêté après cinq représentations comme prévu, j'étais triste. Mais Robert Hossein ne m'a pas laissé tomber et j'ai rejoué dans le *Ben Hur* présenté au Palais des sports, puis plus tard dans le spectacle qu'il a monté sur Jean-Paul II.

Donc, après le Stade de France, je suis retourné au Drugstore, Pacco avait disparu. Je l'ai revu par hasard quatre ans plus tard. Il faisait encore la manche de temps en temps dans le métro. Patrick est venu épisodiquement au Drugstore ; lui tapait la manche avenue Kléber. Il n'était plus comme avant, il boitait, avait l'air fatigué, usé, faible. Une dame s'occupait, m'a-t-il dit, de lui, mais cela n'allait pas fort. Il a fini par disparaître du quartier, et j'ai appris plus tard qu'il était mort.

J'avais perdu mes vrais potes, mes complices, je les aimais comme mes frères et me retrouvais une nouvelle fois seul. Naturellement, je continuais à venir au Drugstore. Certains jours cela marchait, d'autres moins bien, mais j'arrivais à survivre à peu près.

Vous serez mon Premier ministre

Un soir, Jean-Louis Debré est venu à bicyclette au Drugstore, je l'ai reconnu tout de suite. Ça m'a étonné qu'il se promène à bicyclette, mais c'était bien lui et puis je l'avais déjà remarqué plusieurs fois avant. Je lui ai dit : « Vous devriez vous présenter aux élections présidentielles ! » Il a rigolé et m'a répondu : « Si je suis président, vous serez mon Premier ministre. » Cela nous a fait bien marrer. Il m'a dit qu'il préférait écrire et m'a suggéré de raconter ma vie. Mais je ne savais pas écrire correctement.

« Racontez simplement votre parcours, qui vous êtes, comment vous êtes arrivé ici devant le Drugstore, vous avez sûrement des choses à dire sur la rue et les personnes que vous avez croisées », m'a-t-il dit. Il a ajouté que si c'était bien, il trouverait un éditeur. J'étais super content de sa proposition. Cela m'a donné du moral.

Je ne m'y suis pas mis tout de suite. Je n'avais pas vraiment le courage. Mais cela a trotté dans ma tête. Par où commencer, que raconter ? Je ne suis pas allé vraiment à l'école et, quand j'y étais, je n'ai jamais été un très bon élève. Je ne suis pas un intello, comme on dit. Je sais lire, bien sûr, et il m'arrive de feuilleter un journal, mais il y a bien longtemps que je n'ai pas ouvert un livre. Quant à l'orthographe, ce n'est pas là où je suis le meilleur.

Raconter la rue, la vie dans la rue, ça peut intéresser qui ? Je suis un mec qui tape la manche, traque les pèlerins, ceux qui filent une pièce de monnaie, j'essaie de me démerder comme je peux pour vivre. Je n'ai pas eu de chance mais je ne me plains pas. Je suis libre. Ç'a souvent été galère, mais j'ai de bons souvenirs quand même, j'ai eu de bons copains et me suis bien marré.

Souvent, quand il revenait au Drugstore, il me parlait de ce projet, m'incitait à écrire même si c'était difficile.

Une fois, je suis allé boire un café avec lui. On nous a vus ensemble. Après, on m'a demandé : « Tu connais bien Debré ? » J'ai répondu oui, et on a essayé de savoir de quoi nous discutions, alors j'ai dit : « J'écris un livre, et il me le fera éditer. » J'étais pris au piège qu'il m'avait tendu. Je me suis piqué au jeu.

Je me suis mis au travail. J'ai acheté des cahiers et j'ai commencé à écrire.

Un jour, il est venu signer ses livres au Drugstore, m'a demandé si ça avançait, j'a répondu par l'affirmative, que j'avais rempli un cahier.

Chaque fois que je le voyais, je lui disais que j'avançais et, toujours, il m'encourageait à continuer, qu'on reverrait tout ensemble après. L'important, me disait-il, est que je me laisse aller à écrire ce que j'avais dans la tête, comme ça venait. Il serait toujours temps de remettre de l'ordre dans mon récit.

Le défilé des personnalités

Tout au long de ces années, j'en ai rencontré des personnalités, dans « le triangle d'or », rue Montaigne, George-V et Drugstore des Champs-Élysées, où je suis régulièrement de 12 heures à 23 heures. Certaines étaient sympas, d'autres beaucoup moins.

À une époque, Gad Elmaleh venait régulièrement au Drugstore, mais je ne l'ai pas revu depuis longtemps. Il me donnait souvent des sous. Je lui avais demandé, un soir, s'il pouvait me faire jouer dans un film ; je lui avais dit que j'avais fait de la figuration pour Robert Hossein.

Un jour, il m'a fait appeler par son assistante pour me dire qu'il avait un petit rôle pour moi dans *Coco*. J'ai naturellement accepté. Mon rêve était d'être comédien. Je suis allé tourner une scène à Belleville. Cela avait lieu dans un café. Nous étions trois, un juif, un Arabe et un Français, moi. Gad Elmaleh (Coco) entrait dans le café, nous jouions aux cartes. Je devais lui dire à peu près ceci : « Maintenant que tu as du fric, tu te la joues et oublies tes copains ! » Déception ! Au montage du film, cette scène n'a pas été retenue, mais j'ai reçu 400 euros.

Avant de tourner dans *Coco*, j'avais lu dans une revue spécialisée disponible au Drugstore une annonce pour recruter des figurants pour le film *Le code a changé*.

J'ai été retenu. J'ai tourné une scène à la gare de Lyon. J'étais habillé en contrôleur et discutais avec des collègues. La scène a été retenue et j'ai reçu 120 euros pour une demi-journée.

Quand je bosse au Drugstore, je croise Doc Gynéco. Il est sympa, m'achète des cigarettes. Il m'est arrivé de prendre un pot avec lui.

Gérard Jugnot, lui, est beaucoup moins aimable. Il joue les pauvres dans les films mais n'aime pas les pauvres comme moi. Même chose pour Jamel Debbouze. Jamais une petite pièce, il ne nous jette jamais le moindre regard. En revanche, Mireille Darc, elle est aimable, nous dit bonjour ou bonsoir, s'enquiert de notre santé et nous donne une pièce.

Le pire pour moi, c'est Alain Delon. Prétentieux et distant, il nous parle mal, nous envoie balader. Je me souviens, une fois je me suis approché de lui, en me voyant arriver, il m'a dit : « Je sais ce que tu veux, je ne te donnerai rien » et il est parti. Cela tranche avec Belmondo, que j'ai vu devant le théâtre des Champs-Élysées, il m'a donné 10 euros. Super sympa, généreux tout comme Jean Rochefort.

Dans ces rues, Marbeuf, François-Ier, et avenues, Montaigne, George-V, c'est un peu féerique, on en prend plein les yeux, c'est mieux qu'à la télé. Yannick Noah, Éric et Ramzi, Jean-Michel Jarre, Cyril Hanouna, Michel Drucker, Roman Polanski… ils adorent tous être reconnus par les passants, un peu moins par des gens comme moi qui mendient. Certains nous filent quand même une pièce, parfois un peu plus. Pas souvent. Ce n'est pas l'attitude de Michel Sardou ou Gérard Lenormand : pour eux, nous ne sommes pas grand-chose.

Les inconnus, comme cette mamie qui ne roule manifestement pas sur l'or que je croise souvent, sont généralement plus généreux et n'hésitent pas à nous dire un mot d'encouragement ou de réconfort. Dans la rue, on ne rencontre pas que des personnalités célèbres.

11

MES COPAINS DE TAPE

Raphaël le Polonais

Au mois de mars 2007, un grand type est venu vers moi, j'ai remarqué qu'il lui manquait une dent devant. « Raphaël le Polonais », c'est comme cela que je le surnomme. Il m'a demandé où il pouvait trouver une épicerie dans le coin et si j'avais besoin de quelque chose. J'ai répondu un Coca, je l'ai envoyé chez Rachid, rue Galilée. Il m'a rapporté une cannette.

Nous avons discuté, il m'a raconté qu'il vivait avec deux autres Polonais sur un bateau à quai à Suresnes, en contrepartie des travaux que le propriétaire lui faisait faire sans le payer, il était donc obligé de taper la manche. Je lui ai proposé, j'étais seul, de faire la tape au Drugstore avec moi. J'ai posé mes conditions : vu les personnes qui viennent, il faut être poli, gentil, correct. Je lui ai dit que je m'occupais des voitures et qu'on partageait notre manche. Il a accepté et pour me remercier m'a acheté un cigare.

En décembre, nous étions à la veille de Noël, on faisait la tape un verre de vodka à la main ; à l'intérieur du Drugstore, il y avait une dégustation gratuite. On s'en est mis pas mal dans la gueule, on était mûrs, cuits à point, mais ça ne se voyait pas trop. C'était la période des fêtes, les gens sont alors généreux. Nous étions joyeux. On riait bien ensemble.

En attendant minuit, ce 31 décembre, on s'est tapé plusieurs bières dans un pub, avenue de Wagram, on a fait la fête tard, jusqu'à au moins plus de 1 heure du matin. On était bien pleins, mais cela allait encore. On s'est souhaité une bonne année et on s'est donné rendez-vous vers 11 heures au Drugstore pour se remettre à la tape.

Il n'est pas venu. J'ai pensé qu'il avait une telle gueule de bois qu'il devait dormir. Je ne me suis pas inquiété et j'ai continué la manche sans lui.

En fin d'après-midi, un habitué du Drugstore qui m'avait vu avec Raphaël m'a demandé si j'avais vu les informations à la télé, si mon copain vivait sur un bateau à quai près de Suresnes, je lui ai répondu oui. Il m'a alors dit qu'il était mort, la police avait retrouvé trois corps sans vie. J'ai appris après que Raphaël et ses deux amis polonais avaient allumé un feu dans la cabine du bateau et qu'ils avaient été intoxiqués par la fumée, la police les avait retrouvés sans vie.

J'étais très triste, je m'en voulais de l'avoir laissé partir. Il voulait que je vienne dormir avec eux et je n'avais pas voulu le suivre.

Comme il était catholique, avec mon ami Nicolas à qui j'avais présenté Raphaël, on est allés dans une église à Montmartre. Nous avons expliqué à une sœur pourquoi nous étions là et pourquoi nous souhaitions une messe à sa mémoire. Et le dimanche nous avons assisté à l'office organisée pour lui.

Une autre fois, je suis allé dans une église pour faire brûler un cierge quand j'ai appris qu'une jeune femme qui venait souvent au Drugstore et qui était gentille avec moi était décédée. C'est son ami qui me l'a appris. Elle m'achetait souvent à manger. Elle avait vingt-six ans. Elle avait de magnifiques yeux bleus. Qu'elle était belle et généreuse !

De nouveau, je me suis retrouvé seul devant le Drugstore. Et cela a duré environ un an ou deux. Je ne pouvais pas oublier mes potes de galère, mes copains de tape, mes complices de la rue, mes frères avec qui je partageais ma vie, les recettes, les emmerdes, les rigolades, avec qui je me tapais souvent une petite bière pour nous regonfler le moral. Parfois, on s'engueulait, mais on n'était jamais longtemps fâchés. Quand il faisait froid, on se réchauffait les uns les autres. Aux beaux jours, on admirait les jolies filles qui passaient, les belles bagnoles, les grosses motos… Je me souviens de la chanson de Brassens *Les Copains d'abord*, et c'était cela entre nous.

Je n'avais plus envie de m'accrocher à d'autres. Il me fallait bien manger. Je continuais machinalement ma tape.

« L'Ancien » arrive

L'été est pour nous une période difficile, les touristes ne donnent pas et nos clients généreux sont en vacances. On ne gagne que difficilement.

Un jour d'août, j'ai vu arriver un type qui s'est présenté comme le plus ancien tapeur de manche du VIIIe arrondissement. Il m'a dit que cela faisait quarante ans qu'il mendiait et que pour lui c'était aussi une période difficile. Il avait donc décidé de prendre ma place devant le Drugstore. Il me signifiait mon expulsion et me conseillait d'aller voir ailleurs. Je n'ai pas cédé, il n'y avait aucune raison pour que je lui laisse le champ libre, j'étais là avant lui. Comme j'en avais marre d'être tout seul, je lui ai proposé de taper à deux. Il a accepté.

Il tapait super bien, il m'est vite apparu sympathique, m'a complimenté aussi sur ma technique. On a travaillé ensemble tout le mois d'août. Pour compenser le manque de clients, on a fait ensemble de nombreuses heures, on terminait tard le soir.

En septembre, comme je m'entendais bien avec lui, « l'Ancien » m'a montré son triangle d'or, comme il l'appelait, là où il tapait généralement, rue François-Ier, avenue George-V, rue Marbeuf, avenue Montaigne. Le monde du luxe. Tout y est magnifique, les hôtels, les magasins, les filles, ça sent le fric. Les bagnoles sont classe. Il m'a indiqué les bons emplacements et les heures où ça donnait bien.

Tout le monde le connaissait, il m'a présenté, un peu comme un ancien le ferait avec un nouveau, notamment aux voituriers. Ce sont des personnages importants. Il faut mieux être bien avec eux, ça facilite la tape. Salah et son frère Sofiane, voituriers rue Bayard, ont toujours par la suite tout fait pour m'aider.

J'ai fait aussi la connaissance de Laurent, qui tient la sandwicherie de cette rue, qui me donne à manger quand j'ai faim et pas assez pour me payer un repas. En plus, au moment du muguet, il m'a filé sa carte pour que j'en achète à Rungis pas cher et que je le revende devant le Drugstore en faisant de bons bénéfices.

Un jour, un comédien connu, Grégory Gadebois, un monsieur généreux qui me donne régulièrement des pièces, m'a offert deux places pour assister à son spectacle. J'y suis allé avec Dany, mon copain.

L'humour paye

Grâce à l'Ancien et à ma propre expérience de la tape, je me suis rendu compte que l'humour, généralement, ça paye. Il faut faire genre « pour mes vacances à Courchevel, s'il vous plaît » ou « pour dormir au *Plazza* », « manger chez Robuchon » ou « pour la Fashion Week des clodos », ou encore « pour la fête nationale des clodos ». Cela fait marrer les gens, et ils vous donnent plus facilement.

C'est magique l'humour pour la tape. Cela ne sert à rien d'être de mauvaise humeur. Quand je travaillais rue des Canettes, j'avais vite remarqué que si on était sympa avec le client, le pourboire tombait plus généreusement que si on donnait l'impression d'être désagréable ou mal élevé. Pour la tape, c'est la même chose.

Si je tombe sur un grincheux qui reste ridé, fait la tronche, je lui propose souvent de lui offrir « un séjour gratuit sous ma tente » avec « dépaysement assuré et sensations fortes ». Si cela ne le défroisse pas, alors il ne faut pas perdre son temps avec lui. Il est perdu pour le tapeur, et il faut passer à un autre client.

J'ai pris l'habitude de me positionner près du théâtre des Champs-Élysées. À force d'y venir régulièrement, nombre d'habitués me connaissent, savent que je ne suis ni méchant ni agressif, que je peux les faire marrer et ils sont souvent généreux avec moi.

Je me souviens de Catherine et de Gérard qui fréquentaient régulièrement ce théâtre, ils savaient que j'aimais le chocolat et m'en apportaient souvent.

Partout j'ai trouvé des gens super cool, il n'y a pas que des pisse-vinaigre, et quand j'en croise, cela m'amuse de les dérider. Quand je les vois plonger la main dans la poche de leur manteau ou de leur pantalon, je suis heureux car j'ai gagné mon pari, quand en plus ils sortent un billet, j'ai la sensation d'avoir été bon. Ça me fait du bien.

Dany, mon pote

Dany, je l'ai rencontré au Drugstore, mais il ne fait pas la manche, c'est un gitan. Quand je l'ai connu, il picolait sec. Et puis, brutalement, il s'est arrêté totalement de boire. Depuis cinq ans, il n'a pas touché à l'alcool. Quand il m'est arrivé d'être trop imbibé, de prendre une cuite, c'est lui qui m'a ramassé. À la différence d'autres, je n'ai pas l'alcool méchant. Un jour où je m'étais tapé au moins une dizaine de verres de gris, j'étais totalement incapable de faire la tape devant le Drugstore. Alors que j'avais un coup dans l'aile, Dany et sa copine m'ont sauvé du naufrage, ils m'ont littéralement enlevé et fait monter dans leur voiture. Comme j'étais à jeun, pour éponger l'alcool que j'avais en moi, ils m'ont emmené bouffer dans un bar de Saint-Germain-des-Prés. J'étais bien, l'ambiance était sympa, le serveur, Patrice, que j'avais connu quand je bossais et vivais rue des Canettes, m'a offert une bière en apéro et pour le digeo une poire. J'étais super en forme. J'ai voulu leur faire découvrir un bar chaud de Pigalle. Vu mon état, ils étaient réticents. J'ai tellement insisté qu'on a fini par y aller. Là-bas, très vite, ils ont voulu partir et me ramener là où j'habitais. Moi, je voulais rester pour m'éclater, me taper des filles. Ils n'ont pas voulu me laisser seul. Du moins, au début. Je m'en souviens c'était vers le 15 novembre 2011. Mais devant mon comportement, ils ont fini par s'en aller, et je me suis éclaté.

Après, je ne sais plus très bien ce qui m'est arrivé. Je sais que j'ai perdu mon portable. J'étais tellement défoncé que je n'arrive même plus à me souvenir comment j'ai fait pour retrouver le chemin de la maison.

Depuis cet épisode, je ne bois plus, en tout cas dans ces proportions. Je ne me cuite plus, je fais gaffe. J'ai eu du pot de m'en sortir sans casse. Au début, ce fut bien difficile, j'ai compensé par le café.

J'ai revu Dany, et il veille à m'aider à ne plus picoler. On va parfois à Montmartre se taper un crème, mais pas d'alcool. Heureusement qu'il était là, il m'a évité de dériver et de me noyer dans l'alcool. J'ai pu reprendre la tape au Drugstore. C'est là que j'ai connu Michery et sa chienne Zina.

On a volé Zina

C'est vrai, j'aime bien Michery, pourtant il y a eu des moments difficiles entre nous. Quand on tapait la manche ensemble cela s'est d'abord bien passé. Mais il était jaloux de moi. Depuis le temps que je fréquentais le Drugstore, j'y étais connu. Et ça, il le digérait mal, alors il a essayé de monter contre moi certains SDF en leur disant des saloperies sur mon compte, que je n'étais pas réglo et toutes sortes de mélodies de ce genre. C'était un fumier : devant moi, il faisait le beau et, derrière, c'était le roi des coups de pute. Sachant que j'étais limite de lui défoncer la tronche, il est arrivé au Drugstore avec cinq copains, dont l'un a cherché à me provoquer pour me foutre son poing sur la gueule. C'est alors que mon pote Dany que j'avais prévenu est arrivé ; Michery le respecte et cela s'est calmé. Après on s'est bien entendus.

Zina, sa chienne, berger allemand qui boitait vu qu'elle avait une broche dans la patte droite, c'était sa compagne.

Ils ne pouvaient pas vivre l'un sans l'autre, étaient toujours ensemble, ils s'aimaient, étaient heureux ainsi. Michery dormait avenue Matignon à côté du jardin, sous un grand parasol où il avait installé un vieux canapé qui lui servait de lit et juste à côté un panier pour Zina.

Quand il arrivait au Drugstore, généralement tard, il commençait, près de la fontaine, à s'occuper de sa chienne, la brossait, la caressait, lui faisait sa toilette. Après seulement il tapait la manche, et dès qu'il avait suffisamment de monnaie, il achetait à manger pour Zina. Il pensait à elle avant de se préoccuper de lui. Elle était sa compagne de tous les moments. Lorsqu'il a fallu la faire vacciner, c'est Robert Hossein qui a donné de l'argent à Michery. De même quand elle est tombée malade et qu'il a été nécessaire de la faire soigner.

Zina tapait la manche avec nous, elle attirait les passants, elle se mettait sur le dos, attendant les caresses. Cela plaisait, et les gens s'en amusaient de la voir ainsi poser. Elle était drôle cette Zina, c'était une sacrée comédienne !

Un jour Michery est arrivé en pleurs. Il m'a annoncé qu'on lui avait volé Zina pendant la nuit sans qu'il s'en aperçoive. Il était inconsolable. Il avait parcouru tout le quartier à sa recherche mais sans résultat. Il était désespéré, disait qu'il ne pouvait pas vivre sans elle. Il a placardé partout des papiers où il indiquait son numéro de téléphone portable au cas où quelqu'un la retrouverait. Mais sans succès.

Chaque jour, il se dégradait, n'était plus le même, pleurait, n'arrivait pas à retrouver le moral, ne riait plus, ne parlait presque plus, il avait disjoncté.

Il m'a dit un soir qu'il devait déménager, il ne pouvait dormir là où il avait vécu avec Zina. Il ne voulait pas la trahir en adoptant une autre chienne.

Fred veut se suicider

En faisant la manche, j'étais à l'angle de la rue François-Ier et de la rue Marbeuf, j'ai croisé un homme qui manifestement n'allait pas bien. Il marchait la tête baissée, ne regardait personne, faisait les cent pas, tel un automate, devant la pharmacie.

Je me suis approché de lui, il m'a dit qu'il avait perdu son boulot, qu'il avait été jeté dehors par sa femme, qu'il voulait se suicider. Il en avait marre de sa vie et rien à foutre de tout. Il m'a fait de la peine et, manifestement, il était au bout du rouleau. Chacun de nous, un moment, passe par là. On est seul, on se fait injurier, certains, comme moi, arrivent à s'en sortir, mais pas tout le monde. J'en ai connu des mecs qui alors se défoncent à l'alcool au-delà du raisonnable pour ne plus avoir à se confronter à la réalité et au regard des autres. Ils sombrent rapidement.

Je lui ai parlé pour tenter de le réconforter. Je lui ai dit qu'il connaîtrait des jours meilleurs, que ma vie n'était pas toute rose non plus. Il m'a répondu qu'il n'avait plus rien pour manger. Je lui ai proposé de lui enseigner à faire la manche. Et pendant un an, on a bossé ensemble. Je lui avais appris à être souriant quand on tapait la pièce, aimable et poli. Ce fut un moment assez sympa.

Il voulait repartir dans son pays, le Cameroun, il n'était plus bien en France. Un jour, il a disparu. Je pense qu'il est parti là-bas et qu'il y est heureux. Je n'ai jamais plus eu de nouvelles de lui. C'est aussi cela notre monde à nous, ça vient, ça va, on se rencontre par hasard, on se sépare sans se dire au revoir, et on se revoit plus jamais.

C'est quand même dur, la rue, difficile d'y gagner sa vie, d'y faire son trou, de résister à ceux qui veulent vous pousser, vous virer pour prendre votre place, pénible d'affronter le froid ou la pluie. Encore plus difficile d'accepter certaines remarques du genre « tu ferais mieux de travailler » ou ces regards en coin méprisants. Mais là, c'est mon univers, mon monde.

J'y suis libre d'aller où je veux, de prendre un café quand j'en ai envie. Je ne sais plus aujourd'hui, malgré tout ce que j'ai subi, si je peux m'en passer… Pour faire quoi ? pour aller où ?

J'ai la rue dans la peau. J'aime mes potes de manche, les rigolades avec eux, ces rencontres parfois avec des gens bien, ces jours où la chance vous fait un signe et des pèlerins vous glissent un billet dans la main. Je fais beaucoup d'heures à attendre, à taper la manche, mais il y a des moments inoubliables.

Pascal, le rasta

Certaines rencontres m'ont marqué et demeurent dans mes souvenirs comme des moments de joie, de fraternité. J'en ai déjà évoqué certaines.

Pascal, d'origine réunionnaise, s'est installé rue Pierre-Charron, il y dort. C'est un grand et fort gaillard, avec lequel je m'entends très bien. Nous nous retrouvons pratiquement tous les jours. Nous prenons notre déjeuner ensemble puis nous tapons devant *Le Relais de l'entrecôte* jusque vers 15 heures. Puis, récréation dans notre journée, nous passons souvent un moment au bar-tabac de la rue Marbeuf. Nous y sommes bien, on s'avale un hot dog. Ce n'est pas trop cher et c'est bon. Le patron et le personnel sont sympas et nous laissent tranquilles, puis chacun va taper de son côté et on se rejoint vers 21 heures devant l'ancienne pharmacie à l'angle de la rue Marbeuf et François-Ier. Nous retravaillons ensemble pendant une bonne heure, voire deux. J'arrête alors et lui continue.

Il a trouvé un truc malin qui fait rire certains pèlerins, il a fixé son gobelet au bout d'un bâton, un peu comme un hameçon au bout d'une canne à pêche.

Avec Pascal, j'ai retrouvé cette solidarité que j'avais connue avec d'autres autrefois et qui est très importante pour moi. C'est vrai, j'aime ma liberté, faire ce que j'ai envie. Mais toujours se retrouver seul sur le trottoir à attendre, c'est plus facile lorsqu'on est deux, à condition de bien s'entendre, et c'est le cas avec Pascal.

Michel Baldy

Dans notre monde de la rue, Michel Baldy faisait un peu figure de héros. C'était un copain, je le rencontrais régulièrement au bar-tabac de la rue Marbeuf, chez Johnny.

Il tapait la manche aux Champs-Élysées.

Sur la plus belle avenue du monde, ceux qui font la tape, les marginaux, sont considérés comme ternissant l'image qu'il convient de véhiculer de cette prestigieuse artère de Paris. Nous n'y sommes donc pas longtemps tolérés. Les touristes ne doivent pas trop s'apercevoir qu'à Paris il existe des mendiants, en tous les cas pas aux Champs-Élysées. Alors la police, souvent à la demande des patrons des grands magasins de luxe, nous pousse ailleurs.

Michel avait l'habitude, en compagnie de ses deux chiens, dont il était inséparable, de se positionner près du Monoprix d'où il était régulièrement éjecté par les patrouilles de police. Une année, en décembre, il a eu l'idée de se déguiser en Père Noël. Vêtu d'un manteau, d'un bonnet rouge et d'une fausse barbe blanche, il abordait les touristes ou clients du Monoprix. Cela plaisait beaucoup, notamment aux enfants qui entraînaient leurs parents vers lui. Les flics n'ont pas osé le déloger. L'idée est géniale, et il fallait y penser.

Mais il a eu son heure de gloire médiatique, c'était, je crois en 2011, quand il a foutu une baffe à un mec qui, sans lui demander la permission, n'arrêtait pas de le mitrailler avec son appareil photo. Cela a fini par l'énerver et sa réaction a été vive. Ce personnage indélicat était François-Marie Banier, le photographe à la mode, qui a osé déposer plainte et dire à la police que Michel l'avait traité d'homo. C'est ridicule : comment pouvait-il savoir qu'il l'était, ce n'était pas écrit sur sa figure.

La presse avait alors relaté l'incident, et Michel Baldy est passé plusieurs fois sur RTL. Nous étions fiers de lui.

Michel, il me l'avait dit, en avait assez de passer ses journées à réclamer du fric, à faire la tape, à dormir dans la rue. Tout cela l'avait usé. Il en avait marre. Son rêve était de sortir de la galère, de devenir gardien d'immeuble.

Peu après son passage à la radio, il fut contacté par je ne sais qui, et il est devenu gardien d'un immeuble. La chance lui avait ouvert ses bras. Mais pas pour longtemps ; peu après il était emporté par un cancer. Il avait quarante-six ans.

Sa mort, je l'ai apprise par José, son copain, le marchand de journaux du kiosque près du Monoprix des Champs-Élysées. Cela m'a fait de la peine, car il était arrivé à s'extraire de la rue, c'était son rêve, il n'en avait pas beaucoup profité. C'est triste pour lui. C'était un type bien.

Le Capitaine

La rue, ce sont des rencontres que l'on ne peut pas oublier, même si elles ne durent pas. C'est cela, souvent, que je recherche et que j'aime. Ma rencontre avec le Capitaine est de celle que je ne peux oublier.

C'était à la période de Noël 2013, comme depuis plusieurs années, je fais la tape avec sur la tête un chapeau de Père Noël qui clignote et, à la place de mon gobelet, un autre chapeau rouge.

J'étais accompagné de l'Ancien, nous passions rue Marbeuf. Devant l'ex-pharmacie, était assis sur le trottoir un grand monsieur, pas encore vieux, d'une cinquantaine d'années. À l'Ancien et à moi, il ne disait rien, impossible de savoir qui c'était, et pourtant nous connaissons à peu près tous ceux qui tapent dans le quartier.

Nous nous approchons, il avait sur la tête une casquette de marin, il était bien barbu et habillé tout en bleu, une couleur qui faisait ressortir des baskets bien blanches. À côté de lui, était posée une grande valise à roulettes. Il faisait effectivement la tape. Nous l'avons baptisé « le Capitaine ».

Les jours suivants, il était encore là et quand nous passions près de lui, nous lui disions « bonjour, Capitaine ».

Cela lui plaisait et il nous saluait. Mais ne manifestait pas l'envie de nous parler.

Ayant reçu d'un pèlerin plusieurs Ticket-Restaurant, je me suis approché de lui et je lui en ai filé un. Il m'a remercié mais n'a pas voulu le prendre, vu que je faisais comme lui la tape pour me nourrir. Il a fini par l'accepter en m'avouant qu'il n'avait pas mangé depuis un certain temps faute d'argent.

Il était très calme, poli. Cela m'a intrigué. Nous avons un peu discuté. Il m'a dit qu'il avait passé neuf années dans la marine nationale avant d'intégrer la marine marchande, où il était devenu capitaine. Il était désormais sans emploi.

Nous avons sympathisé et fait la tape ensemble. Le soir, il dormait sur un banc, face à la fontaine du parc de l'avenue Matignon. Je l'y accompagnais et nous fumions une cigarette avant de nous séparer. Je le voyais préparer son lit.

À force de nous revoir, de taper ensemble, j'ai su qu'il était breton. Un jour, il était rentré chez lui après une période en mer et avait appris, par la gendarmerie, que sa femme avait été percutée par une voiture, qu'elle était décédée ainsi que le bébé qu'elle portait en elle.

Il n'a plus jamais évoqué ce sujet avec moi. Puis un jour, il m'a avoué avoir retrouvé une femme et qu'il allait habiter avec elle. Il m'a dit au revoir puis est parti avec sa valise. Je ne l'ai plus jamais revu, et pourtant nous avions passé de bons moments ensemble. Nous avions dormi dehors. Il a disparu.

Peut-être ne m'a-t-il pas dit toute la vérité. Mais ce fut une belle rencontre, même si elle n'a pas duré très longtemps. Il m'a semblé que le Capitaine était différent de nous autres et qu'il portait en lui des secrets qu'il ne voulait pas me confier.

Parfois, je vais m'asseoir sur le banc du parc de l'avenue Matignon et je pense à lui. Peut-être un jour reviendra-t-il et me confiera-t-il une vérité qu'il n'a pas pu ou voulu m'avouer.

12

JE CROIS EN DIEU

Ce n'est pas parce que je vis dans un monde particulier que je suis indifférent à la vie qui m'entoure. J'ai trouvé que les assassinats des journalistes de *Charlie Hebdo* étaient révoltants, que la prise d'otages dans un hypermarché et les morts, c'était ignoble et insupportable, comme les attentats en Tunisie. Et cette pauvre policière assassinée dans le dos, cela me révolte, c'est dégueulasse. Rien ne peut justifier tout cela. Le minimum est de respecter la vie des autres.

Ce n'est pas parce que je suis catholique que je vais exécuter ceux qui ne croient pas comme moi. Et franchement, je ne comprends pas pourquoi, au nom d'une religion, on assassine. J'en ai rencontré du monde dans la rue et je me fiche de savoir quelle est leur religion et ce qu'ils pensent de la mienne ou même s'ils en ont une. C'est leur affaire.

Je ne suis pas riche, j'ai souffert, j'ai vécu la galère, je me suis bagarré comme tout le monde, mais je suis contre la guerre. Je n'aime pas la violence. Bien sûr, il ne faut pas se laisser marcher sur les pieds, sinon on vous écrase. Il faut savoir se faire respecter. Mais on ne tue pas. C'est infâme ce qui est arrivé. Et encore plus de justifier ces crimes par la religion.

Le curé que j'ai rencontré lorsque j'étais petit nous disait : « Dieu est amour. » Le Dieu des catholiques. Celui des musulmans ou des juifs est aussi amour. Alors pourquoi se battre au nom d'une religion ? C'est stupide. Il faut arrêter de dresser les croyants les uns contre les autres. Toutes les religions défendent l'homme.

Je suis croyant, j'ai fait ma première communion quand j'étais môme, j'entre parfois dans une église et j'allume un cierge. J'essaie de prier, je le fais à ma manière, je crois qu'il y a un Dieu. Cela me fait du bien d'entrer dans une église. Son silence me donne des forces. Je m'arrête souvent devant la statue de la Sainte Vierge, je sais qu'elle me comprend et me protège et me donne l'espoir de m'en sortir.

Naturellement, je ne vais pas à la messe chaque matin ni tous les dimanches, mais j'aime bien me réfugier dans une église. Je m'y sens bien. Jamais je n'ai fait la tape devant une église, ce n'est pas mon truc. Je suis donc croyant mais pas du tout pratiquant.

13

LA POLITIQUE

Je vote lors des élections et m'intéresse un peu à l'actualité politique. Je me suis inscrit sur les listes électorales à Romainville.

Quand j'étais gamin et, plus tard, quand j'ai débuté dans la rue, je n'en avais rien à cirer de la politique. J'entendais le nom de Mitterrand, mais cela ne déclenchait pas grand-chose dans ma tête. Celui de De Gaulle évoquait un peu la guerre. Je savais qu'il était revenu à la tête de la France, mais rien de très précis. J'avais entendu parler de la guerre d'Algérie, du putsch des généraux. Mais tout cela était vague et loin pour moi.

La politique ne me concernait pas et, de toute façon, ce n'est pas elle qui me permettait de vivre, de trouver du boulot, de sortir de ma galère. J'entendais bien les politiciens et les journalistes piailler dans le poste ou à la télé, mais je ne me sentais pas vraiment concerné par leurs discours.

Aujourd'hui, je lis de temps à autre *Le Parisien*. Chaque matin, avant d'attraper le métro pour me rendre sur les lieux de ma tape, je m'arrête au café, prends un petit noir, un croissant et il m'arrive d'ouvrir le journal.

J'aime surtout les faits divers, ils se déroulent souvent dans des endroits que je connais. Ils évoquent des personnes qui parfois nous ressemblent un peu, ne sont pas des privilégiés. Le plus souvent, ce sont des cabossés. Je ne lis que les grands titres politiques et j'en reste là.

Hollande, je n'ai pas voté pour lui. Il tient le coup malgré les critiques, il garde la tête sur les épaules, il a plutôt l'air sympa.

Je n'ai pas compris pourquoi il voulait absolument taxer les riches. À force de faire payer les riches, il n'y en aura plus en France. Ils font vivre du monde et parfois nous aident. Si, nous les pauvres, on ne peut plus taper les gens parce qu'ils n'ont plus d'argent ou qu'ils donnent tout aux impôts, comment ferons-nous pour vivre ? Tout cela me dépasse. Lorsqu'on a les moyens, on dépense plus et cela fait marcher le commerce et facilite l'embauche de ceux qui sont au chômage.

Quand Sarkozy disait que si l'on travaillait plus on devait gagner plus, cela ne me choquait pas. Je trouvais même que c'était une bonne idée. Pourquoi cela a fait hurler certains, je ne l'ai jamais vraiment compris.

C'est vrai, je bosse plus que certains et il est logique que je gagne plus qu'eux. Pourquoi les fainéants empocheraient autant que moi ? Ce n'est pas normal. Je me tape de longues journées, et la nuit souvent, jusqu'au dernier métro, alors pourquoi je n'empocherais pas plus que les glandus qui ne restent que peu de temps sur le trottoir ?

J'ai apprécié Chirac, je trouve qu'il avait une gueule sympathique. Il a l'air d'aimer les autres. Un soir, il y a probablement trois ou quatre ans, j'ai vu arriver une voiture noire et un type en sortir avec difficulté, c'était lui. Je l'ai reconnu tout de suite. Je lui ai dit : « Bonsoir, m'sieur Chirac ! » Il m'a regardé, a souri. Il marchait doucement, soutenu par un garde du corps. Il m'a fait de la peine, lui qui courait partout. Il n'avait pas l'air très en forme. Il allait dîner au resto de Joël Robuchon. Il m'a donné 10 euros et m'a refait un grand sourire. J'étais tout heureux.

On parle d'ouvrir les commerces le dimanche, cela ne me choque pas. Je bosse bien ce jour-là, et si certains veulent travailler le dimanche pour gagner plus d'argent, pourquoi les en empêcher ?

Les politiques, ou ceux que mes copains ont cru reconnaître comme étant des politiques, parfois se la jouent un peu trop. Généralement, ils n'ont pas la main généreuse.

Robert Hue, le communiste, quand il venait au Drugstore, il me donnait 5 euros et me faisait un sourire. Par contre, Mélenchon, on trouve plus aimable. Toujours très distant, méprisant à notre égard, jamais une petite pièce.

C'était en fin d'après-midi, je m'en souviens parfaitement, j'ai vu arriver au Drugstore des Champs-Élysées un monsieur sur un scooter. Après l'avoir garé, il a enlevé son casque, c'était Hollande. Nous étions entre les deux tours de l'élection présidentielle. Je lui ai dit : « Je vous reconnais ! » Il m'a répondu « c'est un sosie », m'a souri et m'a filé 10 euros. Vraiment sympa.

En ce moment, certaines personnes, quand je demande une petite pièce, me lancent « tu n'as qu'aller voir Hollande » ou « Hollande m'a tout piqué et je suis fauché ». Généralement cela les fait bien rire.

Parfois, les remarques sont plus dures à entendre par exemple : « Avec Le Pen ça va changer, on ne sera plus emmerdé dans la rue… » Ou du genre : « T'as qu'à travailler, on n'a pas besoin de fainéants en France ! Avec Le Pen, il faudra bosser, mon vieux ! »

De temps en temps, même si je suis français, j'ai droit à des remarques comme « Casse-toi chez toi, ils te mettront vite fait au travail ».

Je ne parle pas politique avec mes collègues de tape. On écoute les réflexions. Il est vrai que si l'un d'entre nous est noir ou coloré, il a parfois droit à des remarques pas aimables sur sa couleur de peau. On croise souvent des racistes, certains disent qu'ils ne donnent qu'aux Français. Parfois on m'interroge pour savoir si je ne suis pas roumain.

Ce qu'il ne faut pas c'est que l'on pense que vous venez de l'Est, de Bulgarie ou de Roumanie. Si c'est le cas, là, c'est une autre paire de manches…

14

MERCI, LES BÉNÉVOLES

Le soleil brille avec les bénévoles des Restos du Cœur, ou ceux de la Protection civile ou d'autres maraudes. Ils viennent nous distribuer un peu de réconfort, discuter, nous apporter à manger et de quoi se laver. Ils nous respectent, nous écoutent, ne nous jugent pas et ne nous condamnent pas. Ils sont formidables, ne nous prennent jamais pour de la merde, eux. Ils ne nous gueulent jamais dessus.

Nous, les gens de la rue, les paumés des trottoirs, on a vraiment besoin d'eux, de leurs présences, et pas uniquement l'hiver, quand il fait froid, qu'il pleut et qu'un vent terrible souffle. On a besoin d'eux tout le temps. Ils nous aident en permanence et surtout quand on n'est pas bien, un peu malade, alors là ils sont d'un grand secours.

Ils nous sont particulièrement utiles l'été. Les grandes vacances sont toujours une période difficile. Nos « clients » habituels ne sont plus là, les recettes faibles, les touristes se méfient de nous et ne nous donnent rien. Quand il fait très chaud, c'est très pénible, je redoute la canicule comme nous en avons eu il y a quelques années ou aux mois de juin et juillet derniers. La rue était déserte et la chaleur telle que nous devions nous planquer à l'ombre et boire.

Même si je suis du côté des chanceux de la rue, ils me sont nécessaires, ils sont là, pas besoin de les chercher, ils viennent vers vous. Pour eux, nous ne sommes pas des invisibles, des pauvres types, des pestiférés, ni des êtres humains de seconde zone. Il nous arrive aussi de souffrir, d'avoir besoin de réconfort, d'être secourus. Ils nous apportent parfois des vêtements ou des affaires de toilette. Surtout ils parlent avec nous, calmement, sans nous aboyer dessus, sans nous bousculer et cela fait du bien.

Je ne me suis jamais fait de copains bénévoles, vu qu'ils changent tout le temps, nous n'avons pas affaire aux mêmes personnes.

L'Association pour l'amitié (APA) est particulière, ce sont des jeunes qui vivent dans la rue avec nous et parfois, lorsqu'on est SDF, ils restent près de nous. Je crois qu'ils font partie de l'Église évangélique

On est souvent bien seul dans la rue, seul face aux autres, aux pèlerins pas toujours aimables, seul face à tous ceux qui peuplent les trottoirs, SDF, tarés, provocateurs, camés… Même si on a des potes, on est seul. Alors la venue de ces bénévoles qui viennent parler avec nous, simplement nous demander si ça va, si nous avons besoin de quelque chose, c'est très réconfortant. Ils savent être là quand il le faut.

Grâce au Samu social, à la Protection civile, aux Restos du Cœur, notre vie est moins difficile. J'aurais aimé rencontrer Coluche. Ce qu'il a fait pour nous est super.

L'aide sociale

Naturellement, pendant toutes ces années, j'ai pu être aidé. Pendant deux ans, il y a longtemps, j'ai bénéficié du RMI. J'ai perçu aussi une fois, il y a longtemps, 3 500 francs des APL. À l'époque, on parlait encore en francs.

Aujourd'hui, je touche le RSA en couple, soit 600 euros par mois, versé sur le compte de ma femme et 200 euros d'allocations logement. Heureusement, la tape, quand tout va bien, peut me rapporter environ 1 000 euros par mois en travaillant de 10 à 13 heures par jour, y compris le dimanche. En juillet et août, je tape la moitié moins, mais pendant la période de Noël et du jour de l'An, il arrive que la recette quotidienne soit de l'ordre de 300 euros. Mais cela ne dure pas.

Quand j'habitais un logement, j'arrivais à vivre. Il fallait payer le chauffage de la maison, le gaz, l'électricité, l'assurance obligatoire de la maison, acheter quand même à manger, payer les tickets du métro, les enfants avaient besoin de certaines choses. C'était souvent difficile et nous faisions très attention, mais c'était ainsi. Et je ne me plaignais pas.

Heureusement, je n'ai pas beaucoup de frais, certains pèlerins me donnent des Ticket-Restaurant. Il arrive même que des responsables de magasins d'alimentation m'offrent des invendus. Un marchand de pizzas dans le secteur de la rue Jean-Bayard est très généreux avec moi. Il m'offre des pizzas chaudes, l'hiver cela remet en forme.

Pour les frais médicaux, c'est plus difficile. Ma femme devrait se faire soigner les dents, mais nous ne pouvons pas ou peu.

Je ne m'achète pratiquement jamais de fringues, à part les chaussettes et les slips. Tout le reste, on me le donne. Un jour, on m'a filé un costard super classe, grande marque. Le mec avait grossi et ne rentrait plus dedans. J'ai bénéficié de son embonpoint. Il est vrai que je flottais dans la veste et que j'ai dû serrer le pantalon pour qu'il ne me tombe pas sur les pieds. Mais j'étais beau comme un camion tout neuf. Même les chaussures, on me les offre, parfois si elles sont un peu usées, je les fais durer. Je dois seulement m'acheter des baskets.

Mais je fume, au moins un paquet par jour. Cela me déstresse. Et cela coûte cher, même si des pèlerins m'en filent parfois.

Je possède un portable comme bon nombre de SDF. Pour ce qui me concerne, cela me permet de joindre ma femme et mes enfants. Chaque mois, j'achète une carte à 10 euros. J'ai été intermittent du spectacle, j'ai fait de la figuration dans les spectacles de Robert Hossein, je rêve de pouvoir recommencer, j'ai donc besoin d'un numéro de téléphone où me joindre. Hélas, on ne m'a toujours pas appelé pour me proposer un rôle. Dans ce métier, il faut être aidé. Et puis, ce téléphone me permet de rameuter des potes en cas de problème ou d'agression. Nous sommes toujours à la merci de tarés, surtout quand il fait chaud le soir. Ils sont alors excités comme des puces en chaleur et nous cherchent des noises.

Naturellement, je ne quitte jamais Paris. Il y a très longtemps, une fois, nous sommes allés passer une semaine en Normandie dans un hôtel Formule 1 à Barentin. C'était génial. Des super vacances.

15

IL Y A FLIC ET FLIC

C'est vrai, avec les flics on n'est pas toujours copains. Nous ne sommes pas forcément du même côté.

Quand les flics viennent vous déloger, ils sont durs. Lorsqu'ils vous interpellent, vous chassent de l'endroit où vous vous trouvez soi-disant parce que l'on importune les passants, que des grincheux se sont plaints ! Ils le font parfois sans ménagement. Pas la peine alors de négocier, de tergiverser. Ils s'en foutent. Ils sont venus pour vous virer, ils vous virent.

Quand je dormais dans les cages d'escalier, j'ai eu souvent affaire à la police. C'était parfois difficile à avaler, inutile de discuter, de leur raconter des histoires ou de mettre du temps pour remballer ses affaires. Et pourtant, si je m'étais installé dans un escalier, c'est qu'il faisait froid dehors et, en plus, je ne faisais pas de bruit. Mais peu leur importait.

Ils interviennent souvent lorsqu'il y a des accrochages entre nous. Alors ils ne font pas dans la dentelle, ne cherchent pas à savoir qui a tort ou qui a raison. Voire ils s'en foutent. Ils ne veulent pas de bagarres et, si on ne se comprend pas, ils nous embarquent.

Le mode d'emploi est facile avec les flics : la fermer, obéir, déguerpir, être toujours respectueux, ne pas les insulter. Avec une telle attitude, ils sont corrects.

Il y a aussi les « bleus », ceux qui vous embarquent vers le centre de Nanterre. Eux, faut les fuir. Ce ne sont pas des enfants de chœur, pas question de tenter de les amadouer ou de leur raconter des histoires. Ils vous font monter dans le bus, un point c'est tout.

Mais il y a flic et flic.

Depuis que je bosse dans le VIIIe arrondissement, je n'ai pas à me plaindre de ceux que je rencontre.

Il est vrai que j'essaie de ne pas harceler les passants. Quand je me rends compte qu'un pèlerin ne veut pas me donner une pièce, je n'insiste pas. Je fais une tape tranquille. C'est pour cela que j'ai avec ces policiers des relations sans histoires.

Je me souviens de ce 14 juillet, les Champs-Élysées étaient noirs de monde, des cars de CRS étaient stationnés le long du Drugstore, le défilé était terminé, les militaires avaient commencé à remballer. Je faisais la tape à mon endroit habituel sous le regard des CRS. Soudain, je suis allé les voir pour qu'ils me filent une petite pièce.

Il faisait beau, les portes des cars étaient grandes ouvertes et ils avaient commencé leur repas. Je suis monté dans le premier véhicule, leur ai souhaité bon appétit et j'ai tendu mon gobelet « pour manger une petite pièce, merci ». Ils se sont mis à rigoler et moi avec eux, mais je ne savais pas vraiment ce qui les faisait marrer. J'étais un peu surpris de mon audace. C'est alors que l'un d'entre eux s'est écrié : « C'est la première fois qu'on monte volontairement dans notre car ! » Ils se sont marrés encore plus fort quand j'ai commencé, sans réfléchir vraiment à ce que je faisais, à passer de rang en rang avec mon gobelet. J'ai récolté 15 euros et, en plus, ils m'ont filé un plateau-repas. Ils étaient sympas, nous avons discuté un moment et m'ont demandé comment j'en étais arrivé à faire la manche dans la rue. Très bon souvenir.

Régulièrement, le soir, les « civils » m'interrogent pour savoir si je n'ai rien décelé de suspect, vu des voleurs à la tire… Naturellement, je ne suis pas une balance, un mouchard ou un indic de police. Mais il m'est arrivé de les rencarder sur une personne recherchée. Ils m'invitent souvent à les avertir si je décèle quelque chose de suspect parmi les gens de la nuit. Plusieurs fois, je les ai vus interpeller des pickpockets, avenue Montaigne.

Certains flics en civil sont sympas, notamment Laurent et Nico. Ils m'ont filé un numéro de téléphone où je peux les appeler si nécessaire.

Je les croise avenue Montaigne ou au Drugstore. Nous discutons ensemble. Ils me demandent, l'hiver, si je n'ai pas trop froid. En partant, il arrive qu'ils me donnent une petite pièce.

16

JE NE SUIS PLUS SDF ET J'AIME TOUJOURS LA RUE

Avec Barbara que j'ai connue il y a longtemps, nous avons fait de nombreux hôtels dans le XIXe arrondissement. Grâce à l'aide sociale, on louait une toute petite chambre sans cuisine ni cabinet de toilette pour 250 francs par jour, ce qui était énorme pour nous. Une affaire juteuse pour l'hôtelier. Nous y avons passé trois mois environ. Nous y habitions à trois avec son fils, Kévin. Barbara percevait le SMIC et j'apportais le complément.

Après un certain temps, la mairie nous a proposé, rue de la Solidarité, une HLM. C'était un F2, et en plus il y avait une salle d'eau et une cuisine ! Nous ne possédions pas grand-chose. Un lit pour Kevin, que j'avais acheté d'occasion et une vieille télé.

Barbara et moi couchions par terre. Nous avons économisé pour pouvoir nous procurer un lit, un frigo et une cuisinière que nous avons trouvée d'occasion. Ce fut une période difficile parce que Barbara était enceinte de notre fille.

Dans cette HLM, c'était très chaud : l'entrée de l'immeuble était squattée par des jeunes drogués. Ils foutaient le bordel la nuit à cause de la came. C'était complètement dingue.

Un an après la naissance d'Alison, nous sommes partis dans le 93, à Romainville. La cité était plus calme et agréable. Nous arrivions à vivre entre l'aide que nous recevions avec Barbara et mes 1 000 euros que la tape me rapportait mensuellement.

J'aurais aimé gagner plus, mais, le soir, alors que je commençais vers 10 heures, je terminais jamais avant 23 heures, le dimanche compris. J'étais rincé.

Pour arrondir les fins de mois, je jouais 2,50 euros le mardi et le vendredi à l'Euro Millions et, de temps en temps, je prenais un ticket de jeu de « grattage » ou je tentais le PMU. Je continue encore aujourd'hui à jouer régulièrement.

La pub dit que pour gagner il faut jouer, seuls ceux qui ne jouent pas n'ont aucune chance de gagner. C'est vrai. Et, une fois, j'ai gagné 500 euros au grattage Cash, à plusieurs reprises 20 euros et même, un jour, 50 euros. J'espère encore rafler la cagnotte, quand j'entends que des gens remportent des millions, cela me fait envie. Au PMU, grâce aux conseils de mes voisins qui jouaient au café en même temps que moi, j'ai empoché 800 euros et une fois même 1 000 euros. J'ai fait la fête naturellement.

Aujourd'hui encore, je suis persuadé que le patron d'un café-tabac place de Clichy m'a un jour entubé. Je croyais avoir gagné une petite somme rondelette – je ne me souviens plus du montant exact, mais c'était correct. Il m'a dit que je m'étais trompé, a gardé le billet. Sur le moment, je n'ai pas douté, mais après j'ai pensé qu'il m'avait enflé. Quand je suis revenu pour le lui dire et réclamer mon billet pour vérifier, il m'a dit l'avoir déchiré et il m'a viré.

En fait, j'aime l'ambiance de la rue, être au contact avec d'autres personnes, faire des rencontres, me promener où cela me chante, sans but précis.

À l'époque de Romainville, j'avais un endroit où dormir, mais il m'arrivait encore de ne pas rentrer à la maison et de demeurer toute la nuit dehors avec des potes à taper la manche, à partager le temps qui passe, à bouffer ensemble. Alors, quand j'étais fatigué, je somnolais sur un banc. Mais je suis rarement fatigué au point de m'endormir complètement.

La rue, c'est mon univers. Je l'ai ancrée au plus profond de moi. Malgré les difficultés, la violence, l'incompréhension, je m'y sens bien, plus l'hiver que l'été.

Certes, pour certains, nous sommes invisibles, pour d'autres des agresseurs de leur soi-disant bonne conscience. C'est pour cela qu'ils nous méprisent ou nous haïssent. Mais parfois, ce sont de bonnes rencontres et des rendez-vous avec des personnes qui cherchent à nous aider sans nous juger.

Quand, il fait froid, les gens sont plus chaleureux, viennent plus facilement vers nous, ils nous parlent et nous demandent si cela va, si nous avons besoin de quelque chose, nous apportent à manger. L'été, c'est le temps de l'oubli et, plus particulièrement le mois d'août, celui de l'ignorance et de l'abandon. Les personnes qui nous connaissent s'en vont, elles sont remplacées par les touristes qui nous ignorent, se méfient et à qui on fait peur. Ils pensent qu'on va piquer leur sac ou leur fric. Comme souvent ces touristes se promènent en bandes, il n'y a rien à espérer d'eux. Ils ont à notre approche une réaction collective d'hostilité, notamment les hordes de Chinois, qui photographient tout, parfois nous prennent en photo comme une image de couleur locale, mais ne nous filent rien.

Alors que pour certains l'été est une période joyeuse, celles des vacances, de la fête, pour nous c'est le contraire et, alors, quand Paris est déserté par ses habitants, les rues vidées de ses habitués, c'est à ce moment que nous nous prenons vraiment conscience de notre solitude. C'est durant cette saison que nombre d'entre nous meurent. On décède de déshydratation, de solitude, de faim, on ne gagne plus de quoi se nourrir.

17

LA RUE CHANGE

Voilà plus de vingt ans que la rue est mon domaine, vingt ans à tendre un gobelet pour récupérer un peu de monnaie, à taper la manche. Et je constate aujourd'hui combien elle change. Son ambiance n'est plus la même, tout est excitation, énervement, agitation.

Nous croisons des gens qui, téléphone portable à la main ou à l'oreille, ne nous voient plus. Ils nous ignorent non pas parce qu'ils ne veulent pas nous regarder, mais parce qu'ils sont ailleurs.

Mais la transformation la plus caractéristique vient de ceux et celles qui, comme moi, font la tape dans la rue.

De plus en plus de jeunes femmes

Cécile m'a dit avoir trente-six ans. Elle avait rompu tout contact avec sa famille avec laquelle elle ne s'entendait pas. Elle avait une vieille moto. Pour survivre, elle tapait la manche.

Elle m'a raconté que c'était très pénible parfois pour elle. Elle s'est fait agresser à maintes reprises, et les mecs veulent bien lui donner un peu d'argent seulement si elle leur fait une pipe ou se laisse tripoter. Mais Cécile n'est pas une prostituée.

Une fois, alors qu'elle dormait dans un parking, elle a reçu des coups de pied de gens qui venaient de stationner leur véhicule. Ils ont pris un malin plaisir à l'agresser pour qu'elle aille ailleurs.

Je rencontre aussi, de temps à autre, une femme dont je ne connais pas le prénom. Elle stationne parfois devant le Drugstore. Elle a dans les quarante ans et dort également dans un parking.

Pour elle aussi, c'est difficile. Un jour, elle est arrivée en pleurant, elle avait des bleus sur les jambes ; elle s'était fait taper alors qu'elle dormait. Une bande de jeunes s'était acharnée sur elle alors qu'elle était couchée par terre.

C'est plus facile de tabasser une femme qu'un homme.

Une autre, je la croise très souvent dans le métro de la ligne 11, elle descend comme moi au terminus, Mairie des Lilas. Elle trimbale ses affaires avec elle, ne parle à personne, a l'air d'avoir peur, elle n'est pas non plus très âgée. Manifestement, elle est à la rue, elle est très sale. Quand on s'approche d'elle, l'odeur est forte. Elle me fait pitié.

Je lui ai donné un billet de 5 euros, elle l'a pris, m'a regardé avec étonnement, mais elle n'a pas eu la force ni de sourire et de me remercier. Parle-t-elle français ? Je ne le sais même pas. Elle est à la dérive totale et, semble-t-il, personne ne s'en inquiète.

Il y a un certain temps, j'étais avec mon meilleur pote, Dany. Des copains comme lui, on n'en a pas beaucoup dans une vie, surtout dans notre monde. Un jour, j'ai voulu lui faire une surprise et l'inviter au resto. J'ai mis de l'argent de côté et, le jour de son anniversaire, nous sommes allés déjeuner au *Grand Colbert* près du Palais-Royal. J'avais vu une pub disant que c'était bien et pas trop cher.

Pour y arriver, nous sommes passés place du Palais-Royal, c'est alors que nous avons remarqué une fille assise sur un banc, très jeune, peut-être vingt ans. Elle était là avec un gros sac de voyage, l'air désespéré, le regard vide. Je connais bien ce moment où tout s'écroule, où il n'y a plus que le vide devant vous. Elle m'a fait pitié. Je lui ai donné 5 euros.

Au retour du restaurant, elle était toujours au même endroit, aussi désemparée qu'auparavant. Avec Dany, nous nous sommes approchés d'elle pour lui parler. Elle ne comprenait pas le français. Dany qui baragouine quelques mots d'anglais a pu savoir qu'elle était brésilienne. Elle voulait aller à Barcelone pour rejoindre sa famille. Elle devait rencontrer à Paris une personne qui devait lui faciliter son voyage, mais elle n'était pas venue. Elle l'attendait, n'avait plus d'argent et ne savait que faire, elle avait peur, était désespérée, ne pouvait communiquer avec personne

Danny a proposé de l'héberger, elle a accepté, elle ne pouvait plus vivre la nuit dans la rue, je pense qu'elle avait dû en baver.

Elle a pu contacter sa famille et elle est partie pour Barcelone au bout de cinq jours.

Plus difficile, plus agressif

Que la rue a changé depuis mes débuts ! Ce n'est plus la même ambiance, tout est devenu plus difficile, plus agressif. On se fait injurier par les pèlerins plus que par le passé. Les gens sont souvent énervés. Ils n'ont jamais le temps, courent toujours comme s'ils avaient plus peur qu'avant.

Lors des récents attentats, c'était manifeste, les gens ne s'attardaient pas dans la rue. Au Drugstore, il y avait beaucoup moins de monde que d'habitude et, du coup, plus grand-chose dans le gobelet.

L'arrivée des Roms

Des hordes de Roms, qui débarquent sans scrupule, dévastent tout. Depuis quelques années, ils envahissent tout, veulent nous jeter, nous écarter comme s'ils étaient chez eux et nous des étrangers. Ils ne respectent rien, ce sont des mafias insupportables.

Dans le VIIIe arrondissement, il y a de plus en plus des bandes de Roms qui font partie de réseaux organisés.

Sur les Champs-Élysées, il y a une bande qui a envahi toute l'avenue, plaçant des filles à des endroits stratégiques, près du *Fouquet's* et du Monoprix... Elles mendient, entourées de jeunes enfants. Autour, d'autres filles tournent, et sous prétexte de demander des renseignements, dérobent les portables ou font les sacs des touristes. Le soir, généralement tard, des camionnettes – j'ai même vu une Mercedes – viennent les chercher. Si certaines filles n'ont pas ramassé assez d'euros, elles doivent demeurer sur place tant qu'elles n'ont pas rapporté ce qu'elles devaient.

Les mecs qui les entourent et les surveillent ont souvent l'air méchants.

Les « marcheurs de bagues » sont partout dans notre quartier. Ces filles font croire qu'elles ont trouvé par terre une bague en or, vous racontent des salades et cherchent à vous soutirer de l'argent. C'est une arnaque extrêmement bien rodée.

Les mineures serbes se répandent dans notre secteur, surtout aux beaux jours. Elles sont généralement correctement habillées, agissent par groupe de trois. Elles repèrent un touriste qui sort d'un magasin de luxe, genre Chinois ou Arabe, ceux qui ont toujours beaucoup d'espèces sur eux, l'entourent et font semblant en montrant un plan de lui donner le sentiment d'être perdues. Elles en profitent pour leur faire les poches ou leurs sacs et leur barboter leur portefeuille.

Quand elles sont prévenues de l'arrivée de la police, elles détalent à toute vitesse et s'éparpillent. Elles sont bien organisées, avec des guetteurs au coin de rue qui les avertissent de la venue des policiers.

Lors des périodes de Noël, elles sont très actives, les touristes et les provinciaux sont nombreux à faire leurs courses, et elles savent qu'ils ont du liquide sur eux.

J'ai vu aussi des Roms vendre dans la rue, moyennant 200 euros, des chiots ou des chatons. Et rue Marbeuf, des jeunes filles roms, déguisées en Fatma, couchées par terre en larmoyant quand elles aperçoivent l'un de ces Arabes qui fréquente le quartier des Champs-Élysées, le soir.

Ces dernières arrivent vers 18 heures et pas avant. Ce sont les travailleuses de la nuit. Elles sont aussi très encadrées et surveillées par des mecs baraqués qui ne rigolent pas.

Un autre groupe de Roms de quatorze ou quinze ans sillonne souvent le quartier. Comme ils sont très jeunes, l'un d'entre eux stationne à l'angle de la rue Marbeuf et François-Ier. Il est en permanence en contact par portable, avec le groupe, probablement pour les aider si nécessaire, appeler des renforts, prévenir de l'arrivée de la police. C'est à lui qu'est donné l'argent volé afin d'éviter, en cas d'interpellation de ses camarades, qu'ils n'aient leur butin sur eux.

Les gens en ont marre de ces Roms et parfois les envoient balader durement.

Dernièrement, un monsieur m'a demandé si j'étais un Rom ; j'ai répondu non, et alors il m'a donné une pièce.

Ces groupes de Roms sont bien renseignés, ils savent que, le mercredi et surtout le samedi, il y a avenue d'Iéna un très bon marché. Alors on voit arriver des faux parkinsoniens, les unijambistes, les mères avec leurs jeunes enfants, allaitant des nourrissons… Je pense à cette famille qui s'est installée dans la rue, ou que je vois le mercredi et le samedi racoler les clients du marché avec agressivité.

Les faux parkinsoniens

Traînent, aussi, avenue Montaigne, un monsieur et une dame qui font semblant d'avoir la maladie de Parkinson. Ils tremblent. Parfois un peu trop pour que ce soit vrai, mais ça marche assez bien. Nombre de pèlerins se font prendre au piège, tellement ils font pitié ou ont l'air de souffrir.

Les vrais mutilés

Sévit aussi, avenue des Champs-Élysées, un réseau organisé, que les gens comme moi connaissent bien : celui des éclopés ou des mutilés.

Bras en moins, jambes coupées, pieds de travers… On dit même que certains, souvent des Bulgares, se sont fait amputer volontairement ou ont été contraints de le faire pour pouvoir bénéficier de l'organisation d'une mafia.

Tout cela est structuré et surveillé par des mecs qui ne sont pas des chanteurs choral. On n'a pas intérêt à être trop curieux et les gêner.

Avenue Montaigne, un Bulgare, qui tapait et avec qui j'ai sympathisé, est unijambiste. Lui demandant ce qu'il lui était arrivé, il m'a répondu qu'il avait eu la gangrène. Puis il a fini par avouer qu'il avait été volontairement amputé pour avoir le droit de travailler, et sa femme, qui bosse vers la rue de Passy, aussi. Ils sont tombés dans les mailles d'un réseau très dur. Chaque jour, il doit payer 20 euros à une mère maquerelle. Sinon, il est viré du trottoir et on l'empêche de bosser. Du moins, c'est ce qu'il me raconte. Mais il n'est pas impossible que cela soit vrai.

Il y a des organisations de voyous qui veulent faire payer ceux qui tapent dans certaines rues qui rapportent. Ils vous rackettent, vous taxent si vous n'acceptez pas, ils ne vous ménagent pas, vous bousculent.

Avec un personnel nombreux, la tape peut rapporter gros, c'est rentable. Ces voyous l'ont compris. Pour certains, c'est devenu un job juteux. Pour moi, la tape, c'est une nécessité pour que je puisse vivre. Pour eux, c'est une façon de se faire beaucoup de fric.

Dans le quartier, il y a également un gars qui s'appelle comme moi, Jean-Marie. Il n'a plus de main. Je ne sais pas ce qu'il lui est arrivé. Il ne cède pas aux jeunes Roms qui veulent le chasser parce qu'il leur fait de la concurrence. Il inspire de la pitié, et les gens lui donnent plus volontiers une pièce qu'à ces petits voyous. Il a une énorme voix, il dit qu'il a fait partie d'une chorale qui a chanté devant le pape. Je ne sais pas si c'est vrai. Dans tous les cas, quand les Roms l'ennuient, il se met à hurler, les gens se retournent et les Roms disparaissent. C'est comme cela qu'il se fait respecter par eux.

De plus en plus de jeunes

Chaque année, je constate que les jeunes sont de plus en plus nombreux et de plus en plus jeunes, ce sont aussi bien des garçons que des filles. Souvent ils sont difficiles à comprendre et très agressifs, surtout quand ils ont bu. C'est fou ce qu'ils peuvent boire. Ils se pètent la gueule à la bière et parfois descendent en moins d'une soirée une bouteille de vodka. Dans ce cas, il vaut mieux ne pas insister.

Même l'ambiance dans le métro a changé

Avant, dans les couloirs du métro, on croisait des musiciens ou des marionnettistes qui amusaient les voyageurs. Quand il faisait froid, qu'il pleuvait, je passais, de temps à autre, un moment à les regarder ou à les écouter. Pour moi, c'était une distraction agréable, « une sortie » comme on dit. Ils ne sont plus là, ils ont été chassés. Dommage, c'était sympa et cela ne faisait du mal à personne.

Dans les années 1990, dans les rames, des sourds-muets vous proposaient des cartes, des porte-clefs moyennant une pièce. Ils ont aussi été chassés et, désormais, ce sont des petites bandes de Roms qui vous tapent. Au passage, discrètement, ils vous piquent des choses. Ils créent une insécurité insupportable et exaspèrent les voyageurs.

Je n'ai jamais fait la tape dans le métro, ce n'était pas mon truc, je préfère travailler dehors, plutôt que passer ma journée sous terre, de circuler de rame en rame pour faire la manche. Dans le métro, les gens sont stressés, ils ont peur, et puis il y a beaucoup de réseaux mafieux qui font mendier du monde et n'acceptent pas que tu viennes déranger leurs habitudes. Le métro est une chasse gardée, bien difficile et périlleuse à pénétrer pour quelqu'un comme moi qui bosse seul.

À la recherche de nouveaux territoires

Dès qu'un endroit devient juteux, on est vite repéré et rejoint par d'autres. Il n'est pas toujours possible de les dissuader de venir. Lorsqu'on est trop nombreux dans un coin à faire la tape, ce n'est jamais bon. Les pèlerins ont peur et passent vite leur chemin. C'est parfois un peu le cas au Drugstore, même si cela demeure un lieu intéressant pour moi parce que j'y suis connu, j'ai une clientèle qui m'aime bien et parfois m'a repéré depuis longtemps. Les flics du quartier savent aussi que je ne crée pas d'embrouilles, que je ne picole plus et ils ne m'ennuient pas, bien au contraire.

Mais depuis longtemps j'ai compris qu'il ne fallait pas mettre tous ses œufs dans le même panier, et je cherche de nouveaux endroits pour taper.

Ainsi, le samedi matin, et parfois aussi le mercredi, je ratisse le marché d'Iéna, dans le XVIe. J'ai été repéré par les commerçants comme ne posant pas de problème. Nicole, la maraîchère, est super. Elle me donne des fruits ou des légumes à rapporter à la maison. Il n'y a pas longtemps elle m'a offert un paquet de gâteaux, elle m'avait même préparé un repas chaud. Elle n'est pas la seule. Quand ils me le demandent, je vais au bistrot leur chercher un café chaud.

Les pèlerins qui fréquentent ce marché du samedi sont généreux. J'en connais certains, ils habitent le quartier, et parfois je les croise dans la rue ou au Drugstore. J'y retrouve souvent Robert Hossein, qui est toujours aussi sympa avec moi. Et j'y rencontre aussi régulièrement un monsieur d'une grande gentillesse. Un commerçant m'a dit que c'était un écrivain connu. Il a toujours pour moi un petit mot et une pièce.

Depuis un certain temps aussi, je passe place Colette, dans le Ier arrondissement, vers 23 heures, à la sortie de la Comédie-Française. J'arrive à récolter 10 euros assez rapidement. Après le spectacle, les fumeurs, en arrivant dehors, allument tout de suite une cigarette. Ils sont bien, ils l'ont attendue depuis longtemps et alors ils me donnent une pièce.

C'est généralement ainsi que je termine ma journée de travail.

18

L'ANGOISSE DU LENDEMAIN

Barbara, la femme avec laquelle j'ai vécu jusqu'à peu, est en dépression depuis quatre ans. Elle ne travaille plus. Son fils, Kévin, que j'ai élevé depuis l'âge de quatre ans, est maintenant employé au Drugstore. J'ai été heureux qu'il soit embauché, le patron a été super sympa. Ça marche bien. Il a un boulot fixe et j'en suis heureux

Avec Barbara, nous avons une fille, Alison, elle a dix-sept ans, elle est au lycée en première et a passé son bac littéraire cette année. Elle veut être psychologue. Je suis très fier d'elle, elle travaille très bien. Nous parlons peu de ce que je fais, elle n'apprécie pas trop. Mais je l'aime beaucoup. Elle habite encore avec sa mère.

Longtemps, mes enfants n'ont pas su ce que je faisais exactement comme job. Ils me voyaient partir le matin et revenir le soir. À l'époque, je n'étais plus SDF, nous habitions, Barbara et moi, à Romainville.

Je n'avais pas envie de leur dire la nature de mes activités, et tant qu'ils ne me posaient pas de questions, cela me convenait parfaitement.

Quand, à l'école, il leur était demandé quel était le métier de leur père, ils répondaient qu'ils ne savaient pas.

Confronté à leurs questions, je n'ai pu longtemps rester dans le vague et éviter une réponse précise. Je leur ai avoué que « je faisais des sous dehors ». C'est la formule que j'avais trouvée, cela m'évitait de leur dire que je tapais la manche, que j'étais un mendiant. Face aux interrogations plus précises des enseignants et de leurs copains, je leur ai indiqué qu'ils devaient répondre que je travaillais dans la restauration.

Et puis, progressivement, ils ont su qu'elle était la nature exacte de mon activité.

Au début, j'ai bien vu, ils ne comprenaient pas pourquoi je n'avais pas un métier plus normal. Mais c'est ainsi, et maintenant ils s'y sont faits.

Dans ma rue, à Romainville, où j'ai habité avec Barbara, certains voisins savaient ce que je faisais, du moins j'en étais convaincu. Mais cela ne posait pas de problème.

Récemment, au mois d'avril dernier, j'ai décidé de partir, de quitter mon foyer, de tout plaquer, de me réfugier à nouveau dans la solitude, de dormir où je trouve à me poser.

Cela n'allait plus à la maison. M'éloigner de ma fille a été le plus pénible, mais elle a 17 ans et va bientôt vivre sa vie. J'espère qu'elle m'a compris. Je n'en pouvais plus. Je pense à elle constamment.

Mon départ s'est mal passé. Un soir, je suis arrivé, Barbara avait jeté mes affaires. Je n'avais plus de chemise ni de pantalon. Les seuls vêtements qui me restaient étaient ceux que je portais avec mon unique paire de chaussures.

Naturellement, je n'ai pas d'économies, seulement 5 euros sur mon livret A.

Voilà, j'ai pris mes cliques et mes claques, cherché un hôtel. Le seul que j'ai pu trouver se situe boulevard du Faubourg-du-Temple, il me coûte 50 euros par jour pour une chambre, une douche et la télé.

Je sais que cette somme est énorme pour moi, alors je me suis mis à taper encore plus longtemps qu'auparavant. Je n'ai pas d'autre solution que de travailler plus pour espérer gagner davantage.

Je ne sais pas le matin, quand je quitte l'hôtel, si, le soir, j'aurai gagné assez pour y passer la nuit. Cela a marché pour l'instant, j'arrive à récolter 80 euros par jour. Mais j'ai eu de la chance. Je sais qu'elle ne me sourira pas indéfiniment. Je le sais par expérience, l'été, par exemple, la tape est plus difficile, mais je ne veux plus dormir dans la rue. Je n'en ai plus le courage, ni la force. Toute la journée, je compte et recompte ce que j'ai amassé avec angoisse.

Un monsieur que je connais de vue, car je le croise régulièrement et depuis longtemps, m'a donné des vieux vêtements pour que je puisse me changer. Ce fut un instant de grand bonheur. Un autre m'a remis deux fois 50 euros, cela m'a permis de passer deux nuits à l'hôtel et d'économiser un peu.

La rue, les petits hôtels pour clients démunis, tel est à nouveau mon destin. Je n'arrive pas à m'en extraire.

POSTFACE

Au terme de ce récit d'un parcours de vie encore inachevé, avec et grâce à Jean-Marie, j'ai déterré une histoire particulière enfouie au plus profond d'un homme. J'ai commencé à découvrir un monde que je ne voyais pas.

Tout au long de nos rencontres, il ne s'est jamais plaint de la société. Ce qui lui est arrivé, il ne dit pas que c'est la faute des autres. Aucune acrimonie de sa part. Jamais, il n'a geint sur son passé, pleurniché sur sa condition. Certes, il a regretté l'absence de sa mère et l'attitude d'un père qu'il aimait, adorait, mais qui buvait, cependant il a toujours fait preuve de dignité, de retenue.

Intelligent, lucide, Jean-Marie aurait pourtant pu prétendre à un autre destin que celui de passer le plus clair de son existence à tendre la main pour récolter quelques euros, à déambuler sur le pavé parisien à faire la tape pendant des heures pour vivre modestement, à dormir la nuit au gré des circonstances.

A-t-il eu vraiment le choix ?

Il est clair que son récit montre que les blessures de sa chaotique enfance ne se sont jamais cicatrisées. L'absence d'amour ou d'affection pendant sa prime jeunesse le meurtrit encore. Le contact de la dure réalité de la rue fait ressurgir en lui cette enfance injuste. Il évoque sa fille et son fils avec douceur, pudeur et fierté.

Il est évident qu'il n'a pas su ou pu réagir alors qu'il en était encore temps. Certes, il s'est laissé ballotter par la houle de la vie, n'a pas cherché ou pu résister au courant qui l'embarquait vers un cap opposé à celui qu'il aurait pu prendre !

En quelques années, il est devenu un professionnel de la tape, changeant de quartiers ou de rues pour trouver des endroits plus rentables, usant d'humour pour séduire les clients, jamais agressif pour ne pas les faire fuir, leur proposant de surveiller leur voiture le temps qu'ils fassent leurs courses, ne répliquant pas aux remarques désobligeantes…

La tape, presque un jeu au départ, est devenue son métier, et il l'exerce, semble-t-il, avec une certaine efficacité. Au moment du muguet, il se débrouille pour en acquérir à petit prix et le revendre en faisant un substantiel bénéfice.

Ce n'est certainement pas un enfant de chœur. Il sait se défendre et parfois n'a pas attendu d'être agressé pour donner des coups.

Tout cela lui a permis aujourd'hui, avec la solidarité sociale, de ne plus être contraint de dormir dans la rue, les squats ou le métro, et de bénéficier d'un logement social modeste.

Pourtant, pour des raisons de mésententes familiales, le voici à nouveau repris par son destin, rattrapé par son histoire et soumis au chaos de la vie dans la rue, livré aux marchands de sommeil.

*

Tout au long de nos entretiens, je n'ai cessé de m'interroger sur la sincérité de Jean-Marie, s'il ne maquillait pas un peu trop son histoire.

Je me suis aussi souvent demandé s'il était heureux, s'il pensait à son avenir. S'il ne vivait pas dans le confort de l'habitude, la facilité de la routine, s'il était capable de changer d'itinéraire.

À quarante-sept ans, pourra-t-il toujours et, longtemps encore, passer des journées entières à « taper le pèlerin », à dépendre de la générosité de passants et, la nuit, dormir çà et là au gré des circonstances et de ce qu'il a récolté en faisant la manche.

Aura-t-il la force et la volonté de se reconstruire, de se reconvertir avant qu'il ne soit trop tard ? et pour quoi faire ?

Cette question, je la lui ai naturellement posée. Il espère ouvrir un jour une crêperie. C'est son rêve. Mais pourra-t-il y accéder ? Sera-t-il en mesure d'accepter les contraintes d'un commerce. N'aura-t-il pas le sentiment de perdre « sa » liberté.

Ce monde pour l'instant finalement lui convient, il s'y croit libre.

Mais ce monde, il le remarque, le comprend, change, se transforme. La compétition et les affrontements y sont, comme ailleurs, de plus en plus sans concessions et violents. Les générations nouvelles chassent les anciennes.

La tape est devenue, pour certains, non plus un refuge, un ultime recours, mais un marché qui peut être intéressant à conquérir et qu'il faut pénétrer de manière offensive et où il faut détruire la concurrence.

La pauvreté, la misère, l'exclusion, de plus en plus visibles, de plus en plus montrées, exhibées, poussent certains à sortir de leur cadre national pour chercher ailleurs ce qu'ils n'arrivent pas à trouver localement.

Jean-Marie, comme d'autres, ne sera-t-il pas éliminé, contraint de s'enfoncer et sombrer dans une misère de plus en plus profonde et désespérante ?

Jean-Louis Debré

TABLE DES MATIÈRES

Photocomposition PCA

Achevé d'imprimer en décembre 2015
par CPI Bussière
pour le compte des éditions Calmann-Lévy
31, rue de Fleurus 75006 Paris

N° d'éditeur : 2213339/10
N° d'imprimeur : 2020128
Dépôt légal : décembre 2015
Imprimé en France.